KB272365

빈센트 반 고흐의 〈성경이 있는 정물〉(1885)을 들여다본다. 목사 아들로 태어나, 끝내 아버지의 인정과 지지를 받지 못한 채 영원히 결별해야 했던 빈센트의 좌절과 슬픔이 배어 있다. 그에 비하면 이 책의 저자들은 얼마나 행복한가. 적어도 아버지와 아들이 서로 말을 주고받고 있지 않은가. 말에는 귀만 있는 게 아니다. 말에는 문도 있다. 말귀가 어두운 것보다 사람을 더 힘들게 하는 건 말문이 막히는 상황이다. 말문이 막히면 관계가 닫혀 버린다. 한데 이상하다. 교회에서도, 가족끼리도 말문을 막는 일이 허다하게 연출된다. 정작 중요한 말들은 하나도 하지 않으면서, 그리하여 속이 곪을 대로 곪으면서, 아무렇지 않은 척 '콘크리트 관계'를 과시한다. 이 책의 저자들은 기독교 가정에서 흔히 관찰되는 '위선의 죄'를 범하지 않는다. 한때 열렬한 목사였다가 이제는 세속적 인본주의에서 편안함을 느끼는 아들 바트와 여전히 복음주의 기독교 안에 남아 있는 아버지 토니가 솔직하게 자기 생각과 느낌을 이야기할 뿐만 아니라 상대의 말을 들어 '주기'까지 한다. 이런 '주기'야말로 그 어떤 '주기'보다 가장 진실하고 애정 어린 신앙-실천이다. 나는 수많은 빈센트를 안다. 그리고 자신의 기대와 바람에 부응하지 않는 자녀로 인해 속앓이하는 목사들과 평신도 지도자들을 수없이 본다. 이 책은 그들 사이의 말문을 열게 하는 열쇠다. 종교보다 위에 있어야 하는 건 사랑이라는 평범한 진리에 눈뜨게 할 것이다. 당장 나부터 아이들과 대화를 시작해야겠다. 묻어 둔, 그러나 반드시 부딪혀야 할 믿음의 고갱이에 관한 이야기. 다름을 확인하는 일은 두렵지만, 다르기에 우리는 또 서로가 필요하다. 무너지지 않고 세워지는 사랑은 어디에도 없다.

구미정, 이은교회 목사, 협성대 객원교수

"솔직한 질문은 솔직한 답변을 가져다준다." 프랜시스 쉐퍼의 말로, 내 평생의 길잡이가 된 경구다. 솔직한 대화는 인간이 누릴 수 있는 최고의 선물이다. 사랑하는 사람들과 솔직한 대화를 나누는 것은 그 무엇과도 비교할 수 없는 축복이다. 그런데, 아뿔싸! 이런 대화를 통해서 내 사랑하는 아들이 하나님이 없는 세계관을 택하게 된다면, 그것은 얼마나 고통스러운 일이랴…. 이 책은 이 아름다운 축복과 그 속에 담긴 (아버지와 아들 모두의!) 말할 수 없는 고뇌를 품고 있다. 하나님을 정직하게 전달하고 싶다면, 그리고 무신론에 마음이 기우는 자들의 세계를 있는 그대로 이해하기를 원한다면, 이 책을 꼭 읽어 보라. 전도가 무례함과 무력함의 극치가 되어 버린 시대에 우리에게 필요한 것은 '솔직한 질문, 솔직한 답변'이다.

김형국, 하나님나라복음DNA네트워크 대표

"아빠, 교회 안 나가 보려고요." 올 것이 왔구나 싶었다. "근데, 아빠한테는 너의 난해한 질문보다 네가 더 중요하다는 건 알아줬으면 해! 하나님도 그러실 거야!" 나의 아빠가 겪었던 일을 내가 겪는다. 불편하고 서툰 질문을 세상에서 가장 중요한 질문인 양 정성껏 추켜세워 주고, 날 것 그대로의 내 거친 논리를 대단한 발견인 양 응원해 주던, 내 철없던 시절의 고마운 분들이 생각나게 하는 책이다. 두려움 없이 질문하게 해 주며, 믿음에 관한 한 저마다 그럴 만한 이유가 있음을 인정하는 이들이 나누는 맑고 순한 대화에 끼게 해 준다.

박대영, 광주소명교회 책임목사, 《묵상과 설교》 책임편집

'기독교-이후(Post-Christianity)'를 받아들여야 하는 시대다. 열심이던 누군가가 신앙을 떠났다는 소식이 전혀 이상하지 않고, 오히려 그런 이와 서로 존중하며 이야기할 수 있는 능력이 간절하다. 서구의 기독교로부터 우리가 여전히 배울 것, 혹은 함께 찾아가야 할 것이 있다면, 그런 '기독교-이후' 시대를 위한 대화와 공존의 지혜일 것이다. 이 책은 신앙과 삶을 사이에 둔 부자간의 대화다. 아들은 떠나서 질문을 던지고, 아버지는 남아서 지키려 한다. 하지만 탁월한 복음주의자였던 아버지의 명성 때문에 이 책이 신앙에 대한 변증서로만 읽히지 않기를 바란다. 토니와 바트의 정중하면서도 진심 어린 대화에 편견 없이 귀 기울이고 함께 고민해 보라. 누구의 이야기가 더 정합적이고 공감할 만한지, 누구의 비전이 더 나은 사회를 그리고 있는지 진지하게 따져 보라. 그 고민이야말로 이 책이 우리에게 줄 수 있는 가장 큰 선물이다. 내가 떠난 이유와 내가 남은 이유를 각자 설명할 뿐 아니라 '네가 떠난 이유'와 '네가 남은 이유'를 한 뼘 더 이해할 수 있다면, 우리 사회는 조금 더 깊어지고 조금 더 다정해질 수 있을 것이다. 결국 우리가 할 수 있는 일도, 해야 하는 일도 대화뿐이다. 이 책은 그 대화의 가능성을 보여 주며, 기독교-이후 시대에도 여전히 우리가 더 나은 신앙과 삶에 관해 이야기할 수 있음을 증명한다.

박현철, 청어람 대표

만일 당신이 탐정 스토리를 좋아한다면, 캠폴로 가정의 조용한 격변에 직면하여 두 가지 질문을 떨치기가 힘들었을 것이다. 첫째, 어떻게 아버지 토니를 그토록 따르고 동반 사역에 헌신했던 아들 바트가 48세나 되어서 신앙의 상실과 결별을 고백하게 되었는지, 둘째, 어떻게 각자의 종교적 여정과 입장을 이처럼 날카로우면서도 이토록 자분자분 부자간에 나눌 수 있는지 하는 것이다. 물론 어떤 이는 바트(Bart)라는 이름이 신학자 바르트(Barth)와 유사한데, 무슨 사연이 있는지 궁금할 수도 있다. 그 모든 해답이 이 책에 담겨 있다. 읽으라! 그리고 떠나는 이와 남은 이 사이의 처절한 (그러나 동시에 애틋한) 사연에 우리의 신앙을 재점검해 보라!

송인규, 한국교회탐구센터 소장

이처럼 사려 깊은 방식으로 신앙의 문제를 정직하게 토론하는 책은 드물다. 진정성과 통찰, 그리고 깊은 연민이 스며 있는 이 대화가 한 가족의 이야기로만 머물지 않는다는 사실에 우리는 감사하게 된다.

브라이언 스티븐슨,《월터가 나에게 가르쳐준 것》저자

우리 시대를 위한 사랑 이야기. 지금 우리가 읽을 수 있는 가장 정직한 책 가운데 하나다.

켄다 크리시 딘, 프린스턴신학교 학장

희망과 변화에 관해 꼭 읽어야 할 책이다. 무종교인이 빠르게 늘어나는 이 시대에, 토니와 바트 캠폴로는 우리가 공통점과 차이점을 어떻게 마주하고, 질문하며, 끝내 화해에 이를 수 있는지 놀라운 본보기를 제시한다.

바룬 소니, 서던캘리포니아대학교 종교·영성 담당 책임자

바트 캠폴로의 여정, 그리고 특히 슈퍼스타 설교자인 아버지와 맺어 온 그의 놀라운 관계는 하나님 없이도 아름답고 선한 삶이 가능한지를 고민하는 모든 이에게 깊은 기쁨을 안겨 줄 것이다. 공격하지 않으면서 끝까지 정직하게 대화에 임하는 토니의 태도 역시 그 자체로 큰 영감을 준다.

그레그 엡스타인, 하버드대학교 인본주의 채플린

지적인 향연이자 하나의 본보기이며, 복음주의와 인본주의가 살아 숨 쉬는 모습을 들여다볼 수 있는 창이다. 지금 우리 시대에 꼭 필요한 책이다.

데이비드 거쉬, 《하나님 나라 윤리》 저자

캠폴로 부자는 서로의 차이를 이처럼 공개적으로 논의함으로써 우리 모두에게 귀한 선물을 건넨다. 진정 놀라운 책이다.

헤만트 메타, *FriendlyAtheist.com* 편집장

대담하다. 읽는 이를 사로잡는다. 그리고 지독할 만큼 정직하다.

로널드 사이더, 이스턴대학교 파머신학교 교수

이 책은 깨어진 수많은 관계에 치유의 가능성을 보여 주는 하나의 모델이다. 영적 스펙트럼의 양 끝에 서 있는 이들 모두가 함께 참여할 수 있는 사려 깊은 대화다.

린 하이벨스, 윌로우크릭커뮤니티교회 공동 설립자

토니 캠폴로는 지난 50년간 가장 중요한 복음주의 설교자 가운데 한 사람이었으며, 수많은 저술을 남긴 사상가이자 빌 클린턴 전 미국 대통령의 영적 멘토이기도 했다. 바트 캠폴로는 무신론 진영에서 가장 주목받는 목소리 가운데 하나다.

〈뉴욕 타임스〉

신자와 세속주의자가 서로를 희화화하기는 너무나 쉽다. 그러나 캠폴로 부자는 단순한 세계관의 충돌 너머, 더 깊은 대화의 자리로 독자들을 초대한다.

《라이브러리 저널》

캠폴로 부자의 대화는 논쟁을 넘어 친교로 나아가고자 하는 가족과 친구들에게 훌륭한 길잡이가 되어 준다.

《북리스트》

종교와 멀어지는 이들이 늘어나는 시대에, 이 책은 왜 믿음이 죽어 가는지, 혹은 왜 애초에 싹트지 않는지, 그리고 그 이후에 어떤 일이 일어나는지를 새로운 빛으로 비춘다.

톰 크래튼메이커, 릴리전 뉴스 서비스

WHY
I LEFT

내가 떠난 이유
내가 남은 이유

WHY
I STAYED

WHY
I LEFT

바트 캠폴로

복음 전도자 아버지와
인본주의자 아들의 대화

내가 떠난 이유
내가 남은 이유

노종문 옮김

WHY
I STAYED

토니 캠폴로

신앙이라는 커다란 간극을 넘어
서로를 사랑하려고 애쓰는,
세상의 모든 선한 친구들과 가족들에게 바칩니다.
당신들과 함께임이 자랑스럽습니다.

1부 믿음은 어떻게 멀어지는가

2부 신 없이도 선하게 살 수 있는가

3부 죽음 앞에서 드러나는 세계관

들어가는 말

우리는 특별한 가족이 아니다. 지금 이 순간에도 많은 기독교인 부모들이 자녀가 신앙을 떠난 뒤 정서적으로나 영적으로 깊은 혼란을 겪고 있다. 어떤 가정에서는 그로 인해 긴장과 갈등, 그리고 서로 소외되는 상황까지 벌어진다. 그런 상황에서는 아무리 이성적인 사람이고 서로를 아낀다 해도 대화를 나누기가 쉽지 않다.

우리 가족도 그런 시간을 겪었다. 하지만 우리는 대화를 멈추지 않았고, 서로를 향한 마음도 놓지 않았다. 이 책이 그런 위기를 겪는 사람들에게 하나의 이정표가 되었으면 한다. 점점 더 흔해지고 있는 이런 상황 속에서, 신앙에 대한 의문과 질문을 품고 있는 이들이 조심스럽게 마음을 열 수 있는 자리가 되기를 바란다. 때로는 이런 이야기를 친구나 가족과 나누는 것이 지나치게 버겁고, 심지어 위협처럼 느껴질 수도 있기 때문이다. 그렇기에 우리가 나눈 이 대화가 독자들이 삶의 궁극적인 질문들에 대해 깊이 생각해 볼 수 있는 계기가 되었으면 한다.

무엇보다도 우리는 이 책을 통해, 서로 입장이 너무 달라 마음 아픈 시간을 겪었더라도 진심 어린 대화는 가능하다는 것을 보여 주고 싶었다. 그리스도인 아버지와 인본주의자 아들인 우리 두 사람은 각자의 자리에서 사도 바울의 권면을 마음에 새기며 노력해 왔다.

서로 친절하게 하며 불쌍히 여기며 서로 용서하기를 하나님이 그리스도 안에서 너희를 용서하심과 같이 하라(엡 4:32).

펜실베이니아주 브린마에서
토니 캠폴로

캘리포니아주 로스앤젤레스에서
바트 캠폴로

서문

한 가족, 다른 믿음

———————— ·

페기 캠폴로

남편과 아들이 이 책에 글을 써 달라고 부탁해 준 건 참으로 고마운 일이다. 하지만 이 책이 아예 필요 없는 상황이었다면 더 좋았을 것이다. 아들 바트가 어떻게 신앙을 잃게 되었고, 그 일이 그의 삶은 물론 남편의 삶에 어떤 영향을 미쳤는지를 이야기하려면, 피할 수 없는 아픔과 수많은 오해를 마주해야 한다. 나는 두 사람 사이에서 그 고통과 오해의 시간을 함께 지나왔다. 두 사람을 온 마음으로 사랑하며, 각자에게서 존경할 만한 점들을 수없이 발견해 왔다.

이런 일이 일어날 거라고는 한순간도 상상하지 못했다. 어릴 때 바트는 정말 친절하고 사려 깊으며 다정한 아이였다. 그래서 가끔은, 물론 실제로는 그럴 수 없다는 걸 알면서도, '이

16

아이는 태어날 때부터 이미 그리스도인이었던 게 아닐까?' 생각하곤 했다. 하지만 바트가 본격적으로 신앙에 눈뜨기 시작한 건 십 대가 되어, 근처 교회에서 활발하게 운영되던 청소년부에 참여하게 되면서부터였다. 그때부터 바트는 한 주에도 여러 번 성경 공부와 기도 모임에 나가기 시작했다. 어느 날, 바트가 내게 물었다. "엄마, 제 행동에 달라진 게 보이세요?" 말했듯이 바트는 원래도 착한 아이였지만, 그 질문을 받았을 때 비로소 깨달았다. 최근 들어 아들은 나를 도와야 할 순간이나 내게 위로가 필요할 때를 유난히 잘 알아차리고, 먼저 다가와 주었다. 나는 솔직하게 그렇다고 말해 주었다. "그래, 달라 보여." 그러자 바트가 단호한 목소리로 말했다. "그래야죠. 이제 저는 그리스도인이거든요. 그런데도 아무런 변화가 없어 보였다면, 정말 실망했을 거예요."

나는 남편 토니의 어린 시절을 알지 못한다. 하지만 우리가 대학에서 처음 만났을 때, 그의 삶에서 신앙이 분명한 변화를 만들어 내고 있다는 것은 단번에 느낄 수 있었다. 나는 그에게 마음을 빼앗겼고, 사실 지금도 여전히 그렇다. 토니는 언제나 '예수님을 향한 열정'으로 불타오르던 사람이었다. 젊은 시절부터 탁월한 연설가였고, 자신이 믿는 예수님에 관해 이야기할 때 그의 재능은 더욱 빛났다. 세월이 흐르면서, 하나님의 나라에 대해 전하고, 우리 모두가 하나님과 함께 이 세상을 하나님이 의도하신 모습으로 바꾸어 가야 한다는 사실을 일깨우는 일이 그의 설교와 가르침에서 매우 중요한 부분이 되었다.

솔직히 고백하자면, 나는 오랫동안 내가 정말 그리스도인인지 확신할 수 없었다. 그래서 자주, 토니의 믿음이 우리 둘 몫까지 충분했으면 하고 바랐다. 나는 토니와 우리의 많은 친구들이 느꼈다고 말하는 감정들을 느껴 본 적이 없었고, 하나님의 음성을 들은 적도 없었다. 그렇지만 때때로 하나님의 은혜에 관한 모든 이야기가 참으로 아름답게 느껴졌다. 토니 캠폴로와 사랑에 빠지면서 나는 내 안에 믿음이 있다고 스스로를 설득했다. 하지만 지금 솔직히 말하자면, 나는 그 믿음의 순간들을 내 삶에 억지로 끌어들이려 했던 것 같다. 토니의 아내가 되려면 반드시 그리스도인이어야 한다는 걸 알고 있었기 때문이다.

결혼한 뒤, 토니가 내 안에 있는 의심을 더 깊이 알게 되었을 때 그는 내게 참 현명한 조언을 해 주었다. 그리스도인이라면 이렇게 살지 않을까 싶은 방식으로 살아가다 보면, 하나님이 분명 그 자리에서 나를 만나 주실 거라고 했다. 그래서 나는 좋은 목회자의 아내가 되기 위해 최선을 다했다. 교인들을 진심으로 보살폈고, 특히 교회에 나올 수 없게 된 연로한 여성 신도들을 찾아가는 일에서 큰 의미를 찾았다.

토니의 말은 옳았다. 하나님은 나를 만나 주셨다. 그분이 나를 찾아오신 곳은 내가 진심으로 아끼게 된 한 노년 여성 성도의 병실이었다. 헬렌은 자신이 죽어 가고 있다는 걸 알고 몹시 두려워했다. 그녀를 어떻게든 도와주고 싶은 간절한 마음에, 나는 하나님께 나를 도와달라고 기도했다. 그 순간, 성령께서 그 병실에 임재하셨고, 나는 사랑하는 친구가 하나님의 은혜와 천국의 확신을 품을 수 있도록 이끌 수 있었다. 그날 이후, 예수 그리스도는 내 삶에서 분명하고도 실재적인 분이 되셨다. 하지만 지금도 마음 깊이 아쉬운 건, 그날이 너무 늦게 찾아왔다는 사실이다. 만약 조금만 더 일찍 그분을 만났더라면, 내 아이들은 진정한 그리스도인 어머니 아래서 자랄 수 있었을 것이다. 예수님이 내 삶의 실재가 되었을 때, 내 아들은 이미 열아홉 살이었고, 대학생이 되어 집을 떠나 있었다.

신앙에 확신이 없던 시절에도, 나는 바트가 토니의 사역 활동에 함께할 때마다 감사한 마음이 들었다. 그리고 부모로서, 아들이 회중 앞에 서서 말하는 모습을 볼 때마다 토니와 닮은 은사들이 하나둘 드러나는 게 무척이나 기뻤다. 바트는 예수님이 누구신지를 사람들에게 전하는 법을 아버지에게서 배웠고, 자연스럽게 아버지와 같은 방식으로 사역을 시작하게 되었다. 물론 바트에게는 그만의 특별한 은사들도 있었다. 바트는 어려서부터 훌륭한 설교자였고, 동시에 상처 입은 사람들에게 깊은 관심을 가졌으며, 가난하거나 사회 가장자리에서 살아가는 이들과 본능적으로 관계 맺을 줄 아는 아이였다.

바트가 자신과 같은 마음으로 사람들을 돌보는 따뜻한 여인, 마티와 결혼했을 때 토니와 나는 정말 기뻤다. 바트와 마티는 도움이 필요한 수많은 이들을 집으로 불러 함께 살았고, 사랑과 시간을 아낌없이 그들과 나누었다. 그들은 실제로 많은 사람의 삶을 바꾸어 놓았다. 그들 중에는 솔직히 말해 나였다면 우리 집에서 함께 살자고 초대하기 어려웠을 사람들도 있었다.

토니는 바트의 신앙이 시간이 지나면서 서서히 약해지는 모습을 지켜보았다고 이 책에서 이야기하지만, 나는 바트가 더 이상 하나님을 믿지 않는다고 말했을 때 그야말로 충격을 받았다. 무엇보다도 하나님은 사랑이신데, 내 아들은 여전히 사람들을 사랑하고 있었다. 아니, 내가 아는 그 누구보다도 더 깊이, 더 따뜻하게 사람들을 사랑하는 사람이었다. 하지만 바트와 나눈 여러 대화를 통해, 그의 마음속에 더 이상 하나님이 계시지 않는다는 사실을 분명히 알게 되었다. 그의 사역 속에도, 삶의 다른 부분 속에도 하나님은 존재하지 않았다. 그 사실을 받아들이는 건 내게 너무도 슬픈 일이었다.

내가 바트의 믿음 없음이 얼마나 진지한 것인지를 확실히 깨달은 건, 그 고백이 그의 삶에 거의 감당하기 어려울 만큼 큰 대가를 요구했다는 사실 때문이다. 그동안 바트가 일하고, 강연하고, 콘퍼런스를 열었던 곳은 모두 '기독교' 기관들이었다. 이제 그는 그 어떤 곳에서도 더 이상 일하거나 이끌 수 없게 되었다. 현실적으로 말해, 쉰을 갓 넘긴 나이에 내 아들은 자신의 직업적 삶을 완전히 처음부터 다시 시작해야 했다.

물론, 기독교 신앙을 떠났다는 사실이 공개된 이후, 바트는 많은 그리스도인에게 비난을 들어야 했다. 그럴 때마다 나는 참을 수 없이 화가 난다. 그 사람들은 바트가 어떻게 하기를 바라는 걸까? 남은 평생을, 아니면 적어도 부모가 세상을 떠날 때까지라도 거짓된 삶을 살라는 걸까? 적어도 토니와 나는 그런 삶을 바라는 부모가 아니다. 만약 바트가 우리에게 정직하지 않았다면, 우리가 그와 마음을 나누고, 우리가 믿고 있는 깊은 확신들을 함께 이야기할 방법은 없었을 것이다. 그리스도인인 척하면서 사는 것이 훨씬 더 쉬웠을 텐데도, 바트는 자신이 진심으로 받아들인 세속적 인본주의자의 삶을 택했다. 나는 그런 아들이 자랑스럽다.

이 책이 세상에 나올 수 있었던 건 바트의 정직함 덕분이고, 그 정직함을 받아들이며 누구보다 사랑하는 아들과의 관계를 지키고자 했던 토니의 진심이 있었기 때문이다.

혹시 당신이, 내가 왜 바트를 생각하며 두려워하지 않는지, 혹은 왜 여전히 그 아이에게서 기뻐할 점들을 많이 발견하는지 궁금하다면, 그 이유는 분명하다. 나는 지금도 온 마음을 다해 믿는다. 내가 예수 그리스도 안에서 만난 하나님께서 여전히 바트의 삶에 깊이 관여하고 계신다고. 그분이 오래전, 내가 하나님을 온전히 알기도 전부터 내 삶 안에 함께하셨던 것처럼 말이다. 지금 바트에게는 그 사실이 참되게 느껴지지 않을지 몰라도, 내게는 여전히 그것이 진실이다.

나와는 달리, 내 사랑하는 남편 토니는 평생을 살아 계신 하나님의 임재를 의식하며 살아왔다. 그래서 아들이 '그토록 소중하고, 삶의 중심을 이루는' 하나님의 임재하심이 없이 살아간다는 사실을 쉽사리 받아들이지 못했다. 하지만 나는 감사한다. 그날 밤, 바트가 더는 하나님을 믿지 않는다고 우리에게 말했을 때, 토니는 상처 주는 어떤 말도 하지 않았다. 하나님의 임재를 늘 느끼며 살아온 사람이기에, 말 대신 사랑을 선택할 수 있었던 것이다. 그리고 그 믿음은 지금도 그를 붙들고 있다. 토니의 신앙이나 삶의 방식에 뭔가 문제가 있어서 바트가 '주님과의 동행'을 멈추게 된 거라고 말하는 사람들 앞에서도, 그는 쓴소리로 맞서지 않는다.

물론 나도 바란다. 바트가 여전히 예수 그리스도를 향해 같은 믿음을 품고, 아버지와 사역을 함께하고 있다면 얼마나 좋을까. 하지만 지금 우리 가족의 현실은 그렇지 못하다. 그럼에도 나는 자랑스럽다. 서로 다른 길 위에 서 있는 부모와 자식이 신앙의 경계를 사이에 두고도 정직하게 마음을 나누기 위해 애쓴다는 것 자체가 얼마나 용기 있는 일인가. 나는 지금도 두 사람을 위해 기도한다. 그리고 믿는다. 하나님께서 여전히 이 두 사람의 삶 안에서 일하고 계신다는 것을.

어떻게

떨어지는가

응답은

모든 것이 달라진 저녁:
평범하지 않았던 추수감사절

토니 캠폴로

나는 평생 예수님을 따라 살아온 사람이다. 꽤 잘 알려진 복음주의 설교자이며, 기독교 대학의 사회학 명예교수이기도 하다. 그렇기에 2014년 추수감사절 저녁에 있었던 일을 말로 설명하기란 참으로 쉽지 않다. 그날 밤, 신시내티의 이른바 '위험 지역'에 있는 낡은 삼층집 거실, 희미한 불빛 아래에서 중년이 된 아들 바트가 내 아내와 나를 마주 보고 말했다. "저는 더 이상 하나님을 믿지 않아요."

그 순간은 마치 현실 같지 않았다. 처음에는 그 말을 믿을 수 없었다. 아마도 믿고 싶지 않았기 때문이었을 것이다. 그 아이는 내가 누구보다도 사랑하는 아들이었다. 20년이 넘도록, 나와 함께 기독교 사역을 이끌어 온 동역자였다. 도시 빈민들과 세계 곳곳의 소외된 이웃들을 섬기며 수많은 어려움과 결정을 마주할 때마다 바트는 내게 가장 가까운 벗이자, 가장 신뢰할 수 있는 조언자였다. 우리는 함께 기도했고, 함께 일했다. 한 팀이 되어 도움이 간절한 곳곳에 희망과 위로를 전해 왔다.

나처럼 바트도 순회 설교자였다. 그는 예수 그리스도를 믿음으로써 받는 하나님의 구원을 전하는 동시에 사회적 약자들을 위한 정의를 함께 추구하는 '총체적 복음'을 담대하게 선포했다. 수년 동안, 바트는 수만 명의 청소년과 청년들에게 소비주의 사회의 유혹에서 벗어나, 지금 이 혼란한 세상을 모두를 위한 하나님의 낙원으로 바꾸는 혁명에 함께하자고 호소했다.

그동안 내가 여러 지역을 다니며 만난 대학생 가운데는 바트의 설교와 가르침을 통해 삶이 완전히 바뀌었다고 말하는 이들이 적지 않았다. "바트가 아니었다면 지금 이 일을 하지 않았을 겁니다." 그렇게 고백하는 목회자들과 선교사들을 몇 번이고 만났다. 헤아릴 수 없이 많은 사람이 내게 말했다. 바트의 따뜻한 조언이 어떻게 자신을 영적 방황에서 건져 냈는지, 어떻게 절망의 끝에서 다시 살아갈 힘을 얻게 해 주었는지. 그랬던 바트가 그 오랜 여정의 어딘가에서 하나님을 향한 믿음을 잃었다고 고백했을 때, 나는 도무지 믿기 어려웠다. 내가 보아 온 그 모든 일들과 그날 저녁 내 귀로 들은 이 믿기 힘든 이야기를 도대체 어떻게 하나의 진실로 받아들일 수 있단 말인가.

그 순간, 나는 무너져 내렸다. 가슴이 찢어질 듯 아팠다.

그날 밤, 바트가 우리에게 그 이야기를 털어놨을 때 아내 페기나 내가 무슨 말을 했는지 거의 기억이 나지 않는다. 바트는 당연히 할 말을 미리 준비했겠지만, 우리는 그런 이야기를 나눌 준비가 전혀 되어 있지 않았다.

잠시 후, 우리는 방에 단둘이 남게 되었다. 그때 페기가 내게 말했다. 바트의 이야기를 듣는 내내, 내가 너무 괴로운 나머지 나도 모르게 평생 후회할 말을 내뱉지 않도록 조용히 기도하고 있었노라고. 나는 실제로 그런 말을 하지 않았다는 사실에 감사했다. 하지만 마음은 혼란스러웠고, 무엇을 어떻게 해야 할지 도무지 알 수 없었다.

"이제 우리는 어떻게 해야 하지?" 나는 아내에게 물었다.

페기는 한순간도 망설이지 않았다.

"여보." 아내가 말했다. "나는 지난 30년 동안, 동성애자 자녀를 둔 부모들에게 늘 말해 왔어요. 그리스도인인 우리가 할 수 있는 유일한 일은 아이들을 있는 그대로, 아무 조건 없이, 받아들이고 사랑하는 것뿐이라고요. 우리 아들이라고 해서, 내가 그 원칙을 어길 수는 없어요."

말하지 않아도 분명히 느껴졌다. 바트가 어떤 선택을 했든, 엄마 페기의 지지와 사랑을 잃는 일은 없을 거라는 걸. 비록 불과 몇 시간 전처럼 모든 게 그대로이기를 온 마음으로 바란다 할지라도. 내 마음은 찢어질 듯 아팠고, 머릿속에는 벌써 친구들과 비판적인 사람들이 쏟아부을 질문들이 떠올랐다. 하지만 그 순간, 나 역시 분명히 알 수 있었다. 바트는 아버지의 무조건적인 사랑 또한 잃지 않으리라는 것을.

바트는 이미 우리에게 말했다. 자신이 우리를 얼마나 사랑하는지. 그리고 자신의 정직한 고백이 우리에게 상처가 될 수밖에 없다는 사실이 얼마나 안타까운지도. 하지만 아무도 화내지 않았다. 아무도 원망하지 않았다. 앞으로 어떤 일이 닥칠지는 알 수 없었지만, 페기와 내가 하나님께 의지하기만 한다면, 우리 가족이 이 위기를 견뎌 낼 수 있으리라 믿었다. 그날 밤 우리가 할 수 있는 일은 오직 기도뿐이었다.

하지만 충격이 조금 가라앉자, 이 상황을 그저 조용히 받아들일 수는 없고, 받아들이고 싶지도 않다는 것을 곧 깨달았다. 나는 바트에게 연락하기로 마음먹었다. 내 머릿속을 떠나지 않던 가장 절실한 질문들에 답해 달라고 부탁하고 싶었다. **대체 무슨 일이 있었던 걸까? 무엇이 내 아들을 그렇게 바꾸어 놓은 걸까? 내가 할 수 있는 일이 있을까? 아들이 다시 한번, 자신의 결정을 되돌아보고 예수 그리스도와 그분의 공동체로 돌아오도록 도울 방법이 있을까? 나는 아들에게 정말 예수님의 가르침에 어울리는 신앙의 삶을 보여 주지 못했던 걸까? 혹시, 아들이 신앙을 떠나게 된 데 내 책임도 있는 걸까?**

마지막 질문은 미국의 대표적인 복음주의 잡지인 《크리스채너티 투데이*Christianity Today*》에 실린 한 사설을 읽고 난 뒤, 나를 더 지독하게 괴롭혔다. 그 글은 내가 그토록 사회 문제와 가난한 이들을 위한 사역에 집중하지 않았더라면, 바트가 기독교를 떠나는 일은 없었을지도 모른다고 암시하고 있었다. 그 기사를 읽고 정말 큰 상처를 받았다. 나는 좋은 아버지가 아니었던 걸까, 스스로 나를 의심하게 되었기 때문이다.

하지만 그런 질문들은 겨우 시작에 불과했다. 바트에게 꼭 물어야 할 것들이 너무도 많았다. 다행히 그럴 시간이 곧 찾아

왔다. 아들이 신앙을 잃었다고 고백한 직후, 나는 영국으로 일주일간 순회 강연을 하러 가게 되었고, 바트는 기꺼이, 그리고 열정적으로 동행하겠다고 나섰다. 우리는 강연 사이사이 비는 시간마다 수많은 대화를 나누게 될 것이라는 걸 알고 있었다. 그리고 실제로 그랬다. 긴 시간, 간절한 마음으로 기도했다. 아들과의 대화 속에서 내가 어떤 말이라도 전할 수 있기를. 그를 다시 믿음의 자리로 이끄는 데 도움이 되는 말을. 반면에 바트는 자신이 왜 신앙을 떠났는지, 그리고 왜 여전히 자신의 미래를 기대하고 있는지를 내가 이해할 수 있기를 바라고 있었다. 이 책은 바로 그 대화에서 시작되었다. 그 솔직하고 뜨거운 시간 속에서.

영국의 여러 공원과 카페를 옮겨 다니며 이야기를 나누는 동안, 바트와 나는 우리가 가장 내밀한 감정을 털어놓고, 가장 깊은 신념을 꺼내고 있다는 것을 분명히 느낄 수 있었다. 그리고 그 대화들이 단지 우리 둘만의 것이 아닐 수 있다는 사실도 서서히 깨달았다. 신앙에 관한 이 문제로 힘들어 하는 수많은 이들, 특히 우리처럼 신앙과 지성의 경계에서 갈등을 겪는 부모와 자녀 들에게 이 대화가 작게나마 도움이 될 수도 있겠다는 생각이 들었다. 대부분의 사람들에게는 신앙의 어려운 문제를 터놓고 이야기할 자리가 없다. 의심과 질문을 마음껏 꺼내어 놓을 곳도 마땅치 않다. 젊은 세대가 종교를 묻는 설문에서 '없음'을 점점 더 많이 고르는 시대에, 우리처럼 서로를 존중하며 진솔하게 나누는 대화가 더 많은 부모와 자녀 사이에서 일어나야 한다는 건 굳이 특별한 계시가 없어도 자명한 일이었다.

신학 논쟁이나 기독교의 진리를 두고 벌이는 싸움은 이 시대에 더는 의미가 없다. 이 책은 그런 논쟁을 위한 책이 아니다. 물론 그렇다고 해서, 내가 예수님을 따르는 삶에 대해 왜 그래야 하는지, 그 이유를 정직하게 전하려는 노력을 멈추겠다는 뜻은 아니다. 혹시 당신이 기독교 신앙을 두고 의문과 질문으로 씨름하고 있다면, 이 책에서 내가 할 수 있는 몫은 그 질문들에 진심으로 대답하고, 왜 내가 그리스도인으로 남아 있어야 한다고 믿는지, 그 최선의 이유들을 나누는 것뿐이다. 물론, 나도 알고 있다. 내 말로 바트의 신앙이 되살아나지는 않을 것이다. 하지만 적어도 그가 마음을 닫지 않도록, 무엇보다 성령의 일하심에 마음을 열어 두도록 돕는 데에는 작은 역할이라도 할 수 있기를 바란다. 그리고 바라기는, 내 이 말들이 비신앙인 가족이나 친구 들과 마주한 그리스도인들에게 복음을 타협하지 않으면서도 끝까지 사랑하고 존중하며 대화를 이어 갈 수 있는 하나의 길이 되기를 소망한다.

이제 바트의 차례다. 그 운명의 추수감사절 밤, 신시내티에서 그가 우리 부부에게 들려준 이야기를 이제 당신도 함께 들어 보면 좋겠다. 그리하여 우리가 다 함께 이 대화를 시작할 수 있었으면 좋겠다.

떠남은 언제 시작되었나:
내가 신앙을 잃기까지

바트 캠폴로

내가 왜 기독교를 떠났는지를 이해하려면, 먼저 내가 왜 그 믿음을 갖게 되었는지를 알아야 한다. 아버지가 유명한 복음 전도자이다 보니, 많은 사람이 내가 태어날 때부터 진짜 신자였을 거라고 지레짐작한다. 하지만 실제로 내가 그리스도인이 된 건 고등학교 2학년 때였다. 그리고 그때 나를 예수님께 인도한 사람은 내 아버지 토니 캠폴로가 아니었다.

오해하지는 말았으면 좋겠다. 나는 아버지를 위선자라며 미워하고 교회를 거부한, 흔히 말하는 반항적인 목사 아들은 아니었다. 오히려 내게 아버지는 영웅이었다. 나는 아버지의 수많은 강연에 따라다니길 무척 좋아했다. 그때 아버지가

멋진 도시들을 다닌 건 아니었지만, 집으로 돌아오는 길에는
영화관이나 근처 자동차 경주장에 데려가 주시곤 했다. 그런
덕분에 여행이 늘 즐거웠다. 하지만 그 모든 것보다도 내게
가장 인상 깊었던 건, 아버지가 유머와 감동적인 이야기,
그리고 무엇보다도 예수님을 향한 열정으로 회중을 사로잡는
모습이었다.

솔직히 말하면, 나는 아주 어릴 때부터 토니 캠폴로의
열렬한 팬이었다. 아버지의 대표적인 설교들을 열두 번도
넘게 들었지만, 그럴 때마다 여전히 다른 청중들과 함께 웃고,
울고, 감동하곤 했다. 그리고 모두가 아버지를 록스타처럼
떠받들던 그 순간들에는 자랑스럽게 아버지 옆에 서서 함께
그 스포트라이트를 즐겼다. 무엇보다도, 아버지는 가식적인
사람이 아니었다. 내가 보기에, 그가 설교에서 말하던 내용과
그가 살아가는 모습 사이에는 괴리가 없었다. 그러니 분명히
말해 두고 싶다. 나를 더 일찍 그리스도인으로 이끌지 못한
원인이 아버지는 아니었다. 그는 예수님을 따르는 삶을
고귀한 모험처럼 느끼게 해 주었고, 나는 그의 믿음이
진심이라는 걸 항상 알고 있었다. 문제는 내가 단지 하나님을
믿지 않았다는 거였다.

그렇다고 해서 그게 크게 신경 쓰이는 일은 아니었다.
물론 주일학교 이야기들을 다 진짜처럼 받아들이는 척하고,
천국과 지옥이 실제 존재하는 곳인 것처럼 행동하는 건 좀
이상하긴 했다. 그래도 나는 착한 아이였고, 누구를 곤란하게
하거나 속상하게 만들고 싶지 않았기에 그냥 입을 다물었다.

만약 집에서도 신앙이 있는 척 연기해야 했다면 상황이
달라졌을지도 모르지만, 우리 가족은 대체로 그런 분위기가
아니었다. 처음부터 누나 리사는 기독교에 별다른 관심이
없다는 걸 분명히 했고, 그 입장은 지금까지도 변한 적이 없다.
그리고 더 중요한 건, 어머니 역시 목사의 딸로 자라서 나중에
목사의 아내가 되었지만, 리사와 내가 자라던 시절에는
하나님을 진심으로 믿고 있는 것 같지 않았다는 점이다.

지금은 어머니도 진심 어린 신앙을 가지고 계시지만,
그 뒤늦게 피어난 믿음은 이 이야기와는 별개의 주제다.
여기서 중요한 건, 내가 고등학교 때 기독교로 회심하기
전까지 우리 가족은 놀라울 만큼 세속적이었다는 사실이다.
비율로 따지자면 늘 3대 1이었다. 아버지는 아침 식사 시간에
가족 성경 묵상을 시도하거나, 잠자기 전 함께 기도하자고
제안하곤 했지만, 그런 시도는 언제나 미적지근하게
받아들여졌고, 다행히 오래가지도 않았다. 아버지가 근처에서
설교할 때는 나, 엄마, 누나 모두 따라갔지만, 아버지가
출장을 가셨을 때는 보통 돌아가면서 교회에 빠질 핑계를
만들곤 했다. 우리 가족은 아버지의 신앙을 공개적으로든
사적으로든 존중하긴 했지만, 초자연적인 믿음은 아버지
것이었을 뿐, 우리 것은 아니었다. 우리 가족의 진짜
'종교'는 친절함이었다. 내가 착하고, 특히 사회에서 소외된
사람들에게 착하게 대하는 한, 우리에게는 그걸로 충분했다.
정말, 그게 전부였다.

다행히, 내게는 남들에게 친절하게 구는 일이 꽤 쉬웠다.

32

원래 사람을 좋아하는 성격이기도 했지만, 그보다도 친절하게 굴었을 때 돌아오는 긍정적인 반응들, 특히 어머니의 칭찬을 좋아했기 때문이다. 어머니는 자주 나에게 작은 과제를 주곤 했다. 외로운 할머니 웃게 해 드리기, 어색해하는 아이 초대해 함께 놀기, 다친 동물 돌보기 같은 것들 말이다. 그리고 내가 그 일을 해냈을 때, 어머니는 늘 아낌없이 칭찬해 주었다. "기분 좋지 않니?" 어머니가 그렇게 물으면, 정말로 기분이 좋았다.

하지만 고등학교에 들어가고 나서는 운동을 잘하고 인기가 많아지는 게 훨씬 더 짜릿하게 느껴졌다. 특히 2학년 때 교내 축구 대표팀의 주전 골키퍼가 되면서부터는 더더욱 그랬다. 어느새 나는 큰 파티에 항상 초대받았고, 예전에는 나에게 눈길 한 번 주지 않던 예쁜 여자아이들이 내게 미소를 보내기 시작했다. 그런 관심은 분명 즐거웠지만, 나는 그걸 온전히 믿지는 못했다. 시즌이 이어질수록, 나는 내가 새롭게 얻은 이 '교내 인기남'이라는 지위가 정작 내 인격이나 내면과는 거의 아무 상관이 없다는 걸 점점 더 실감했다. 영적인 의미에서 보자면, 나는 '수확하기 딱 좋은' 상태가 되어 있었던 셈이다.

사실, 내가 주전 골키퍼 자리를 차지했을 때부터 조엘을 의심했어야 했다. 자신감 넘치고 잘생긴 선배였던 그는 자기 자리를 뺏겼음에도 전혀 쓰라린 기색 없이 내게 특별한 관심을 보이기 시작했다. 훈련 때마다 나를 격려해 주었고, 경기 중에도 누구보다 열정적으로 내 편이 되어 주었다. 나는

그 모든 걸 자연스럽게 받아들였고, 그가 왜 그렇게 나를
친구 삼으려 하는지, 심지어 자기 교회 청소년부의 목요
모임에까지 나를 초대한 이유가 무엇인지 전혀 궁금해하지
않았다. 그리고 그 자리에 도착한 순간, 나는 이미 너무 들떠
있었기에 그 밖의 모든 일은 중요하지 않게 느껴졌다.

상상해 보라. 근처 12개 고등학교에서 모인 300명의
십 대들이 카펫이 깔린 다목적실을 가득 메우고, 서로를
끌어안으며 인사하고, 새로 온 친구들을 따뜻하게 맞이한 뒤,
팀을 나눠 에너지가 넘치는 단체 게임을 한다. 그러고 나서
아이들이 어두운 강당으로 이동하면, 대형 스크린에서는 멋진
영상이 흐르고, 라이브 밴드는 시끄러운 록 음악을 연주한다.
그 분위기 속에서 세련된 청년 리더가 무대에 올라, 친구가
어려움에 부닥쳤을 때 진정한 친구란 무엇인지 짧은 메시지를
전한다. 그리고 그 모임이 끝나면 운동선수, 치어리더,
공붓벌레, 대마초 피우는 애들, 마칭 밴드 멤버, 그리고
소위 말하는 '왕따'들까지 그 다양한 아이들이 하나가 되어
즐겁게 어울리며 다가오는 봉사 활동에 관해 이야기 나눈다.
당신이 이 모습을 상상할 수 있든 없든, 나는 분명히 느낄 수
있었다. 조엘이 데려간 청소년부는 나에게 완벽했다. 세상을
조금이라도 더 좋게 만들고 싶어 하는 착한 십 대들을 위한,
에너지 넘치는 대규모 동아리. 나는 첫날부터 푹 빠졌고, 몇
달이 채 되기도 전에 그 모임은 내 삶의 중심이 되었다.

물론, 그 모든 활동이 내가 어릴 때부터 접해 왔고, 한
번도 설득당한 적 없는 복음주의 기독교 위에 세워졌다는

사실을 깨닫는 데는 오래 걸리지 않았다. 조엘과 그의 친구들은 명목상의 신자가 아니었다. 그들은 신앙에 대해 놀라울 만큼 진지했다. 내가 지금껏 본 어떤 고등학생보다 더 진지하게 믿고 살았다. 매일 아침 일찍 일어나 기도하고, 학교 식당에서 성경 공부를 하고, 영화를 보러 가는 길에도 찬양을 불렀다. 성경 구절을 암송하는 일부터 성적인 순결을 지키는 일까지, 삶의 거의 모든 부분에서 서로를 챙기며 격려했다. 하지만 나를 가장 놀라게 한 건, 그들의 신앙보다도 서로를 향한 진심 어린 사랑, 그리고 다른 사람들을 그 따뜻한 공동체로 끌어들이려는 깊은 헌신이었다. 나는 여전히 하나님을 믿지 않았다. 하지만 생전 처음으로, 정말 믿고 싶다는 마음이 들었다. 지옥이 두려워서가 아니라, 내가 본 가장 천국에 가까운 공동체의 일원이 되고 싶었기 때문이다.

물론 그렇게 되었다. 처음에는 그냥 그리스도인인 척 흉내만 내고 있었지만, 그 많은 열정적인 신자들 속에 있으니 나도 곧 스스로 믿게 되었다. 결국 인간은 본능적으로 초월적인 것에 이끌리는 존재니까. 특히 사회적·감정적으로 그런 분위기에 휩쓸릴 때는 더더욱 그렇다. 찬양을 따라 부르면 부를수록, 그 가사들이 정말 내 마음의 고백처럼 느껴졌다. 성경에 대한 의심은 여전히 남아 있었지만, 내가 경험한 초월적인 순간들과 새로운 친구들의 사랑 가득한 삶은 내 안에 분명한 확신을 만들어 냈다. 그런 확신 앞에서 의심은 아무런 힘도 발휘하지 못했다. 그러니 몇 달 뒤, 조엘이 맥도날드에서 나를 앉혀 놓고 예수 그리스도를 나의

주님이자 구원자로 영접하겠냐고 물었을 때, 나는 조금도
망설이지 않았다.

조엘이 청소년부 어른 지도자들의 지시에 따라
나를 유망한 전도 대상자로 점찍었고, 그 목적을 가지고
의도적으로 나와 친구가 되었다는 사실을 내가 언제쯤 알게
되었는지는 잘 기억나지 않는다. 하지만 그 사실이 나를
불편하게 만들지는 않았다. 오히려, 좀 으쓱했다. 사실 그
무렵에는 나도 이미 전도 대상자를 어떻게 고르고 접근해야
하는지를 배우고 있던 참이었다. 우리 공동체가 꼭 필요해
보이는 아이들, 혹은 나처럼 인기가 많고 관계 능력이 뛰어난
'핵심 인물'들을 눈여겨보라고 했다. 그런 아이들은 또 다른
친구들을 끌어들이는 데 중요한 역할을 할 수 있으니까.
그렇게 나는 예수님을 따른다는 것이 천국행 티켓을 얻기
위한 일이 아니라, 사람들의 마음을 하나하나 얻어 가며
세상을 더 나은 곳으로 바꾸어 가는 치밀하고 의도적인
여정이라는 걸 시작부터 받아들이고 있었다.

고등학생이었던 나에게 복음주의 그리스도인이 된다는
것은 심리적으로 엄청난 행운이었다. 당시는 내가 '나는
누구이고, 어디에 속하는가'를 한창 고민하던 시기였다.
조엘을 따라 나간 청소년 모임은 그런 질문들뿐 아니라, 삶의
더 많은 문제에 대해서도 이미 준비된 답을 갖고 있는 곳처럼
보였다. 마치 '정해진 정체성'을 통째로 건네주는 공동체
같았다. 갑자기 나는 하나님과의 관계뿐 아니라, 공동체
안에서의 내 자리, 나아가 세상 속에서의 내 위치까지도

분명해진 것처럼 느꼈다. 나는 곧 멘토 한 사람을 배정받았고,
동시에 나보다 어린 신자 몇 명을 맡아 내가 이제 막 배우기
시작한 기독교적 가치들을 그들에게도 가르쳐야 했다. 우리는
교회 밖의 사람들을 '언젠가는 돌아올 사람'으로 여겼고,
그들의 오늘 하루부터 영원한 미래까지 책임지는 일이
우리의 몫이라고 배웠다.

무엇보다 내가 가장 열광했던 이유는 마치 혁명적인
운동의 일부가 된 것처럼 느껴졌기 때문이다. 나는 원래
사람들을 돕는 데 관심이 많은 아이였지만, 복음주의
기독교는 그 사명감을 강력하게 하나로 집중시켜 주었고, 내
삶의 중심에 그 사명을 두고 나머지 모든 영역을 거기 맞춰
살아가라고 요구했다. 정말 문자 그대로, 어떤 결정을 내리든
그 안에는 늘 하나님, 그리고 하나님을 위한 나의 사명이
반영되어야 했다. 예컨대, 어떤 음악을 들을지(하나님에 관한
내용이어야 했다), 아침에 몇 시에 일어날지(성경 읽기와 기도를 위해
최소 30분은 일찍 일어나야 했다), 일주일에 자위를 몇 번 할지(이때는
'0회'가 이상적이었다)까지 모든 일상 속 결정이 신앙과 연결돼
있었다. 어쩌면 부담스럽게 들릴 수도 있겠지만, '좋은 사람은
이렇게 사는 것이다'라는 기준이 처음으로 명확해졌을 때,
오히려 이상한 해방감이 들었다. 물론 나도, 내 친구들도
그 기준을 완벽히 따른 건 아니지만, 신앙을 막 시작한
우리에게는 단지 더 많은 사람을 이 공동체 안으로 이끌기만
해도 세상을 더 나은 곳으로 만드는 거라는 믿음이 있었다.

문제는 이거였다. 나는 새로운 정체성과 삶의 방식을

정말 사랑했지만, 처음부터 그것들의 중심에 있는 기독교 서사와는 쉽게 마음이 맞지 않았다. 동료 신자들에게는 모든 게 분명하고 자연스러워 보였지만, 내게는 구약이든 신약이든 문제투성이처럼 느껴졌다. 실제로 나는 성경에서 발견한 많은 것들보다 기도회나 예배 중에 가끔 경험했던 영적인 초월의 순간들이 더 믿을 만하다고 느꼈다. 창세기의 창조 이야기부터 예수의 부활, 그리고 요한계시록의 종말 예언에 이르기까지 성경의 많은 부분이 도저히 믿기 어려웠다. 물론 어떤 사람들은 신적인 계시나 기적 이야기에 매료되어 전통 종교에 이끌린다고 하지만, 내게 기독교의 초자연적인 요소들은 언제나 감당하고 넘어가야 할 '입장료'였지, 매력의 본질은 아니었다.

물론, 내 삶 속에서도 그런 계시나 기적 같은 일이 일어났다면, 성경 속 이야기들이 그렇게까지 비현실적으로 느껴지지는 않았을지도 모른다. 하지만 안타깝게도, 신의 개입이 가장 절실히 필요했던 순간에도 나는 그런 장면을 단 한 번도 목격하지 못했다. 요즘 사람들은 종종 내가 정확히 언제 신앙을 잃었는지 묻곤 한다. 마치 어떤 극적인 순간 눈에서 비늘이 떨어지듯 갑작스럽게 믿음을 잃은 것처럼 생각하는 것이다. 하지만 사실 나는 30년이 넘는 시간 동안 수만 번의 응답 없는 기도와 수천 번의 균열을 겪으며, 정통 기독교 신앙과 초자연적인 것을 믿는 능력을 조금씩 잃어 갔다.

첫 번째 '균열'은 거의 즉시 찾아왔다. 새로 나간 교회의 대학생 몇 명이 뉴저지주 캠던에서 열리는 기독교 여름 주간 캠프를 운영하는 일을 함께하자고 제안했다. 신앙을 삶의 최우선으로 여기게 된 나는 어디로 가는지, 뭘 하게 될지도 모른 채 기꺼이 그 제안을 받아들였다. 그리고 첫날, 차를 타고 그 동네에 들어섰을 때에야 깨달았다. 희망에 부풀어 있던 우리 네 명의 예비 선교사들은 그 상황을 감당하기에는 너무도 준비가 안 되어 있었다는 걸.

1970년대 후반, 캠던은 그야말로 전형적인 도심 빈민가였다. 크랙 코카인이 막 퍼지기 시작했고, 파괴의 흔적이 사방에 널려 있었다. 판자로 막은 집들과 고장 난 차들, 낙서투성이 벽들만이 아니라, 길모퉁이에 서 있는 험상궂은 청년들과 쇼핑 카트를 밀고 다니는 퀭한 마약 중독자들까지, 모든 게 나를 겁먹게 했다. 우리가 차에서 내려 집집이 전단을 돌리기 시작했을 때, 과연 우리 중 누가 무사히 돌아올 수 있을지 걱정됐고, 설령 돌아온다 해도 캠프에 올 아이는 아무도 없을 거라고 확신했다. 그런데 놀랍게도 다음 날 아침, 우리는 모두 멀쩡히 살아 있었고, 아침 식사를 위해 문을 열기 한 시간 전부터 이미 교회 주차장에는 백 명 가까운 아이들이 몰려와 있었다.

짐작하겠지만, 그 여름의 나머지 날들은 말 그대로 혼돈 그 자체였다. 매일 네 시간 동안 내가 한 일이라곤 "안 돼!", "그만해!", "조용히 해!"라고 소리치는 것뿐이었다. 물론 성경 이야기도 들려주고, 노래나 게임도 하고, 아이들과 함께 미술이나 공예 활동도 많이 했을 것이다. 솔직히 말해, 그때 우리가 했던 캠프 프로그램에 대해서는 기억나는 게 거의 없다. 나보다 나이 많은 친구들과 내가 함께 세운 계획이 제대로 돌아간 기억은 거의 없는 것 같다. 대신, 그 여름 내가 사랑하게 된 반짝이는 소년·소녀들과 그 아이들이 마주한 현실을 서서히 깨달아 가며 느꼈던 깊은 혼란만이 지금도 내 마음에 선명히 남아 있다.

도심 선교사로서는 미숙했지만, 나는 언제나 문화가 다른 사람들과도 쉽게 친구가 되는 성격이었고, 이 아이들은 기꺼이 자기 이야기를 들려주려 했다. 나는 그전까지 가난이나 거리의 폭력, 마약 중독, 경찰의 가혹 행위, 성적 학대 같은 현실을 직접 마주한 적이 없었다. 하지만 이곳에서는 그런 일들이 매일 같이, 우리 캠프의 무고한 아이들에게 직접 닥치거나, 그들 눈앞에서 벌어지고 있었다. 여기서 그 모든 현실을 자세히 말할 수는 없지만, 단 한 가지는 분명하다. 그 일들은 나를 완전히 바꾸어 놓았다. 캠던을 떠나 고등학교 3학년을 시작하던 무렵, 나는 결심했다. 그런 어려운 환경에 놓인 사람들, 특히 아이들을 위해 더 나은 세상을 만드는 데 앞으로의 삶을 바치겠다고.

소명은 분명해졌지만, 우리 캠프 아이들과 그 가족들의 삶에서 마주한 고통은 갓 싹튼 내 신앙을 흔들어 놓았다. 그로 인해 나는 하나님에 대해 배우고 있던 모든 것에 의문을 품기 시작했다. 특히 그 갈등을 단적으로 드러내는 일이 있었고, 아무리 애써도 그 일이 잊히지 않았다. 여름이 끝나갈 무렵, 나는 숀다라는 여성을 알게 되었다. 그녀는 내가 특히 아꼈던 활달한 열 살 소년, 크레이그의 따뜻하고 다정한 어머니였다.

'갓 개종한 열정'에 들떠 있던 나는 머지않아 그녀에게 신앙을 권하려 했고, 결국 말을 꺼냈지만 그녀는 차갑게 말을 끊었다. "헛수고하지 마, 바트." 차가운 말투로 그녀가 말했다. "네가 여기서 뭘 하려는 건 고맙지만, 하나님의 사랑 같은 말은 듣고 싶지 않아. 그런 소리는 나한텐 하지 마." 그녀의 반응이 예상 밖이라 나는 이유를 묻지 않을 수 없었다.

손다는 자신이 기독교 가정에서 자랐고, 교회의 모든 것을 사랑하며 자랐다고 말했다. 하지만 아홉 살이던 어느 날, 학교에서 집으로 걸어가던 길에 한 무리의 젊은 사내들에 의해 빈집으로 끌려가 집단 성폭행을 당했다고 했다. 며칠 뒤, 손다가 주일학교 선생님에게 왜 하나님이 자신을 구해 주지 않으셨는지 물었을 때, 선생님은 이렇게 말했다. "전지전능하신 하나님께서는 그 일을 막을 수 있었어. 하지만 그렇게 하지 않으신 걸 보면 분명 더 큰 뜻이 있으셨을 거야. 지금 정말로 던져야 할 질문은, 그 경험을 통해 네가 무엇을 배워야 하나님을 더 잘 사랑하고 더 영화롭게 할 수 있느냐는 거야." 그 순간, 손다는 하나님을 영원히 거부하기로 했다고 내게 털어놓았다.

불행히도, 그때 내 신학은 손다의 주일학교 선생님과 크게 다르지 않았다. 나 역시 하나님은 주권자이시며, 이 세상에서 예수를 믿지 않으면 누구나 내세에서 지옥에 간다고 믿었다. 그런 믿음은, 적어도 손다의 입장에서 보면, 하나님을 세상에서 가장 잔인한 폭군처럼 보이게 만들었다. 전능하고 사랑이 넘친다는 하나님이 이 땅에서 무고한 어린

소녀 하나 지켜 주지 않았고, 그 결과 그녀가 예수를 믿지 못하게 되자, 그 책임을 물어 영원한 저주를 내린다는 건 내게 너무도 말이 안 되는 일이었다. 너무 터무니없는 말이었기에, 나는 생각을 달리하기로 했다.

우선, 나는 하나님이 이 세상에서 일어나는 모든 일을 실제로 다 통제하시는 건 아니라는 쪽으로 마음이 기울기 시작했다. 그리고 그다음에는, 죽기 전에 예수를 알지 못하고 세상을 떠난 선한 사람들을 위해, 천국 어딘가에 '뒷문' 같은 길이 따로 있어야 하지 않을까 생각하게 되었다. 물론 이런 생각들을 당장 밖으로 꺼내지는 않았다. 내 주장을 차근차근 정리하고, 그것을 뒷받침할 만한 성경 구절들을 찾아가는 데는 여러 해가 걸렸다. 지금 생각해 보면, 내가 하나님의 주권을 줄이고 자비를 더 크게 이해하게 된 건 숀다의 이야기를 듣고 난 뒤의 본능적인 반응이었다. 그때 처음으로 나는 누구의 조언도, 성경 말씀도 없이, 내가 직면한 현실에 맞춰 내 신학을 조용히 수정하고 있었다.

그때는 몰랐지만, 지금 돌이켜 보면 그게 나에게는 끝의 시작이었다. 그 뒤로 30년 동안, 삶의 현실은 내 신학을 계속 흔들어 놓았다. 결국에는 정통 복음주의 신앙이라고 할 만한 건 아무것도 남지 않았다. 예를 들어, 해버퍼드 칼리지에 다니던 시절, 내 룸메이트였던 동성애자 친구 둘이 그랬다. 요즘 내가 함께 일하는 학생들은 상상하기 어렵겠지만, 1980년대 초반을 살아 본 사람이라면 누구나 알 것이다. 그 시절에는 동성애를 공개적으로 이야기하는 일조차 드물었고,

받아들여지거나 보호받는 건 더더욱 어려웠다. 하지만 해버퍼드 칼리지는 달랐다. 그곳에서 나는 지난 3년 동안 '가장 불쌍한 죄인'이라 여기며 살아온 사람들과 처음으로 가까워졌다. 물론 나는 그들을, 모든 의미에서, 변화시키고 싶었다. 그러려면 먼저 그들을 진심으로 알고, 사랑해야 한다는 점도 알고 있었다. 하지만 실제로 그렇게 되었을 무렵, 변한 건 오히려 나였다. 한동안 나는 성경이 분명히 동성애 행위를 금하고 있다는 사실과 성적 지향은 나처럼 내 친구들에게도 결코 '선택'의 문제가 아니라는 현실 사이에서 갈등했다. 결국, 내가 내놓은 어떤 해석적 '해결책'도 그들과 나의 복음주의 감수성을 동시에 만족시키지 못했고, 나는 그 사이에서 무엇을 선택해야 할지 스스로 자문할 수밖에 없었다.

나중에 미네소타주 미니애폴리스에서 청소년 목사로 일하던 시절, 나는 교회에서 몇 블록 떨어진 곳에 있는 신앙 기반 여성 마약 재활 센터에서 상주 상담사로 일하던 마티 소프를 만나 결혼했다. 마티는 어머니처럼 목사의 딸이었고, 자신만의 의심과 씨름하고 있었다. 처음부터 우리는 서로에게 어려운 질문을 던지고, 함께 답을 찾기 위해 애썼다. 특히 필라델피아로 이사해 우리가 직접 사역을 시작한 뒤로는 더 그랬다. 많은 젊은 부부들이 아이를 낳고 기르며 신앙이 더 깊어졌다고 말하지만, 우리에게는 그 반대였다. 아이들이 자랄수록, 우리는 기독교의 가장 기본적인 가르침조차 그들에게 그대로 주입하는 게 꺼려졌다. 사실 그 무렵, 우리 둘은 여전히 신자였고, 도시 곳곳의 아이들을 위해

복음주의 주간 캠프를 기획하며, 그리스도인 대학생들을
모집하는 일에도 힘을 쏟고 있었다. 사랑과 정의, 공동체에
관한 예수님의 가르침을 따르려는 우리의 마음은 오히려 더
깊어지고 있었다. 줄어들고 있었던 건 신앙의 열정이 아니라,
그 신앙에 담긴 내용이었다.

그때쯤 숀다, 그리고 우리가 알게 된 수많은 '또 다른
숀다'들 덕분에 지옥이라는 개념은 내 신앙에서 사라진 지
이미 오래였다. 성경의 무오성도 마찬가지였다. 동성애자
친구들과 가까워진 이후로는 더 이상 붙잡을 수 없는 믿음이
되었다. 그 후에도 상황은 계속 반복되었다. 필사적으로
기도했지만, 사랑하는 아이들이 방치와 학대 속에 무너져
가고, 다정한 부부가 아이를 갖지 못하고, 젊은 부모들이
암으로 세상을 떠났다. 중독에서 벗어났던 친구들은 다시
무너졌고, 가난과 전쟁, 온갖 자연재해가 남긴 참상은 더
말할 것도 없었다. 그런 현실 앞에서, 하나님이 그저 우리와
함께 슬퍼하시는 것 말고 더 해 줄 수 있는 것이 있다고
믿는 마음마저 서서히 사라져 갔다. 그래도 우리 둘 다
예수님을 사랑하긴 했다. 사실, 누가 예수님을 미워하겠는가?
하지만 십자가에 관해 곱씹을수록, 왜 하나님은 우리에게는
서로를 그냥 용서하라고 하시면서, 본인은 누군가를 죽이지
않고는 우리를 용서하지 못하셨는지 의문이 들기 시작했다.
그리고 그런 의문이 이어지자, 이런 생각도 떠올랐다. 만약
예수님이 굳이 죽지 않아도 우리를 구원할 수 있었다면, 굳이
동정녀에게서 태어나거나 죽음에서 부활할 필요도 없었던 것

44

아닐까? 어쩌면 예수님은 처음부터 신적인 존재가 아니었고, 그저 선한 사람이었는데, 죽은 뒤 그의 추종자들이 지나치게 부풀리고 신격화한 것일지도 모른다.

다시 말하지만, 이런 변화는 결코 한순간에 일어난 것이 아니었다. 그 모든 과정 내내, 예수님의 가르침이 초자연적인 기원을 가졌다는 믿음은 점점 옅어졌지만, 그 가르침을 따라 살고자 하는 우리의 마음만큼은 변함없이 진지했다. 나 역시 설교 사역을 계속했지만, 시간이 흐를수록 하나님의 능력보다는 그의 사랑에 더 마음이 쏠렸고, 어느 순간부터는 그 사랑이 우리가 서로 나누는 사랑과 구별되지 않게 되었다.

이게 자서전이라면, 마티와 내가 필라델피아에서 시작한 작은 도심 사역이 어떻게 '미션 이어(Mission Year)'라는 전국 조직으로 성장했고, 우리가 그 단체를 거의 15년 동안 어떻게 이끌어 왔는지부터 썼을 것이다. 그리고 끊임없이 설교하고 사람을 모으고 프로그램을 운영하는 사이, 내가 처음 이 일에 마음을 붙이게 만든 사람들, 현장에서 만난 '진짜 사람들'의 삶에서 점점 멀어지고 있었음을 어떻게 뒤늦게 깨닫게 되었는지도 썼을 것이다. 그 후, 마티와 열네 살이던 딸 미란다, 열한 살 아들 로만과 함께 짐을 싸서 신시내티로 이사하고, 나는 다시 거리로 나가 처음부터 다시 사역을 시작하게 된 과정도 설명했을 것이다.

하지만 이 책은 자서전이 아니니 이렇게만 말하겠다. 신시내티에 도착하자마자, 우리는 삶에서 가장 소중하게 여기는 가치를 함께 나누는 가까운 친구들을 만났고,

그들과 함께 힘든 동네 한복판에 의미 있는 공동체를
세워 가기 시작했다. 그 공동체 안에서 미란다와 로만은
아낌없는 지지와 격려를 받으며 청년으로 자라났고, 로만의
친구인 코빈을 우리가 맡아 기르게 되면서 우리 가족은
누구도 예상하지 못했던 방식으로 완성되었다. 마티 역시
자신을 활짝 피워 냈다. 처음에는 예술가로, 나중에는
신시내티대학교 근처에서 훌륭한 카페를 운영하며 진심
어린 환대의 공간을 만들어 갔다. 나 역시 마침내, 언제나
꿈꿔 왔던 방식 그대로 '관계 중심'의 목회를 통해 가난한
이웃들과 함께할 수 있었다. 게다가, 우리는 도시 자체와도
사랑에 빠졌다. 신시내티의 아름다움, 따뜻한 사람들, 살기
편한 환경은 우리에게 매일 새로운 기쁨을 안겨 주었다.
한마디로 말하면, 신시내티는 정말 살기 좋은 곳이었다. 특히
나처럼 자전거 타는 걸 좋아하는 사람에게는 더할 나위 없는
도시였다.

마지막 문장에 갑자기 자전거 이야기를 꺼낸 게
어색하게 느껴질 수도 있겠지만, 사실 꼭 필요한 이야기다.
나는 늘 자전거를 좋아했지만, 본격적으로 타기 시작한 건
농구하다 다친 발목에 관절염까지 겹쳐 다른 운동을 거의
할 수 없게 된 뒤였다. 지금은 일주일에 서너 번, 한 번에
80킬로미터 가까이 달리기도 한다. 형형색색 스판덱스 복장을
갖춰 입고, 아는 사람을 마주치지 않기만을 바라면서 말이다.
로스앤젤레스는 이런 라이딩에 정말 안 어울리는 도시였지만,
신시내티에서는 우리 동네의 북적이는 거리에서 조금만

벗어나면 오하이오 남서부나 켄터키 북부의 푸른 언덕 사이로 이어지는 한적한 시골길을 혼자서 조용히 오르내릴 수 있었다. 아이러니하게도, 내 삶을 송두리째 바꿔 놓은 사고는 어둡고 무서운 도시 뒷골목이 아닌, 바로 그 푸르른 언덕 위에서 일어났다. 2011년 여름, 나는 그곳에서 자전거를 타다 머리를 심하게 부딪혔고, 거의 죽을 뻔했다.

내 인생을 통째로 바꿔 놓은 그 자전거 사고에 대해 나는 아무런 기억이 없다. 그날 아침 옷을 입고 집을 나선 건 기억나고, 병원에서 눈을 떴던 순간도 또렷하다. 하지만 그사이의 시간은 완전히 사라졌다. 전해 들은 바에 따르면, 갓 포장된 내리막길을 달리던 중 자전거가 미끄러졌고, 반대편 차선까지 미끄러져 나가 앞바퀴가 부드러운 흙에 걸렸고, 나는 공중으로 튕겨 나가 시속 64킬로미터 가까운 속도로 머리부터 나무에 부딪혔다고 한다.

헬멧이 내 목숨을 구해 준 건 분명했지만, 그럼에도 나는 심각한 뇌진탕을 입었다. 사고 직후 몇 시간 동안은 내 아이들이 몇 살인지도, 미국 대통령이 누구인지도 전혀 기억나지 않았고, 같은 말을 몇 번이고 되풀이했다. 그 후 한 달쯤은 겉으로는 제정신으로 보일지 몰라도 나는 도무지 나 같지 않았다. 생각은 느리고 흐릿했고, 간단한 일도 잘 기억나지 않았다. 책을 읽거나 TV를 보려고 하면 머리가 아팠고, 사소한 일에도 울컥하거나 화가 났다. 무언가에 오래 집중하는 건 거의 불가능했고, 그저 자고만 싶었다. 의사는 이런 증상들이 회복 과정에서 흔히 나타나는 것이라고 했지만, 나는 끝내 예전처럼 돌아가지 못할까 봐 마음 깊이 두려웠다. 그렇기에 마침내 정신이 또렷해지고 이전의 나로 돌아왔을 때 내가 느낀 건 그저 감사만이 아니었다.

나는 원래도 열정적인 사람이었지만, 회복 후에는 세상의 모든 좋은 것들이 전보다 훨씬 더 경이롭게 느껴졌다. 먹는 음식은 훨씬 더 맛있었고, 들이마시는 공기는 더 달콤하고 싱그럽게 느껴졌다. 가족과 친구들을 보는 눈도 완전히 달라졌다. 그들 하나하나가 마치 살아 있는 기적처럼 느껴졌다. 밤에 잠드는 것도, 아침에 눈을 뜨는 것도 사랑스러웠다. 글을 읽고 쓰는 일조차 신선한 전율처럼 다가왔고, 포옹과 키스는 말 그대로 황홀했다. 정말이지, 아주 실제적인 의미에서 나는 다시 태어난 것만 같았다. 다만 이번에 내 마음이 향한 곳은 오직 이생뿐이었다.

내가 겪은 일을 곱씹을수록, 그 자전거 사고에서 내가 얻은 세 가지 큰 교훈이 자꾸 떠올랐다. 첫째이자 가장 중요한 건 이거였다. 나의 핵심 정체성, 나라는 존재의 본질은 결국 '뇌' 안에 있다는 것. 오해하지 마시라. 내가 상상의 산물이라는 뜻은 아니다. 다만, 내 개성과 사고, 마음, 감정, 영혼, 이 모든 것이 결국은 내 뇌에 담겨 있다는 사실을 몸으로 깨달은 것이다. 쉽게 말해, 뇌가 손상되면 나라는 사람 자체가 달라질 수 있다는 뜻이다. 내가 이걸 확실히 알게 된 건, 시속 64킬로미터로 나무에 머리를 들이받았을 때 내 핵심 정체성이 그야말로 순식간에 바뀌어 버리는 걸 직접 경험했기 때문이다.

돌이켜보면, 나 자신에 대해서도, 그리고 다른 사람들에
대해서도 이런 사실은 훨씬 더 일찍 깨달았어야 했다. 말콤
글래드웰(Malcolm Gladwell)의 《블링크 *Blink*》나 데이비드
린든(David Linden)의 《고삐 풀린 뇌 *The Compass of Pleasure*》 같은
대중 과학서를 꽤 읽었으니 말이다. 인간의 판단과 욕망이란
결국 뇌 안의 화학물질에 의해 결정되는데도, 우리는 그걸
거의 자각하지 못한 채 살아간다는 사실도 이미 알고 있었다.
게다가, 내 가까운 친구가 거대한 뇌종양에서 기적적으로
회복된 뒤, 너무나 다른 사람처럼 변해 버린 모습도 눈앞에서
직접 보았다. 성격도, 욕구도, 능력도 전혀 달라져 그
자신조차, 그의 가족조차 예전의 그 사람이라 느끼지 못했다.
"그가 천국에 간다면, 도대체 어떤 크리스로 존재하게 될까?"
나는 그때 진심으로 궁금했다. 그럼에도 나는 몸만 죽을 뿐
영혼은 불멸한다고 수년간 설교해 온 사람이기에, 영혼도
똑같이 죽을 수 있다는 생각만큼은 끝까지 받아들이기를
거부했다.

두 번째 교훈은 훨씬 단순했다. 이론으로는 늘 알고
있었다. 하지만 자전거 헬멧의 얇은 플라스틱과 스티로폼
한 겹 덕분에 죽음을 가까스로 피한 그 순간, 나는 그 사실을
온몸으로 갑작스럽게 실감하게 되었다. 나는 언젠가 반드시
죽는다는 것. 그리고 아마도, 생각보다 훨씬 일찍 죽게 될지도
모른다는 것.

하지만 앞의 두 교훈과 그 외 모든 것에 분명한 초점을
가져다준 건 세 번째 교훈이었다. 언젠가 머지않아 내게

닥칠 그 죽음이 마침내 찾아오면, 내 뇌와 그 안에 담긴
핵심 정체성을 포함해 나를 이루는 물질과 에너지는 우주의
일부가 되어 빠르게 분해되고, 흡수되고, 변형될 것이다.
그리고 '바트 캠폴로'라는 존재는 영원히 사라질 것이다.
어쩌면 놀라울 만큼 이른 시일 안에, 나는 더 이상 어떤
방식으로도, 어떤 모양으로도, 어떤 형태로도 존재하지 않게
될 것이다. 마치 내가 태어나기 전 수십억 년 동안 존재하지
않았던 것처럼. 좋든 싫든, 지금 이 삶이 내가 가진 전부다.

자전거 사고 직후 또렷이 기억나는 순간 중 하나는
내가 마티에게 그동안 품고 있던 생각을 털어놓았던 때였다.
어떤 의미에서는 그 대화도 우리 중 누군가가 신앙의 논리와
씨름할 때마다 나눴던 수없이 많은 대화들과 별반 다르지
않았다. 사람들은 종종 내가 신앙을 떠난 일이 그녀에게 어떤
영향을 미쳤는지 마티에게 묻는다. 마치 그 일이 한순간에
벌어진 일이거나, 그 여정을 그녀가 곁에서 함께하지 않았던
것처럼 말이다. 하지만 사실 우리는 줄곧 함께 걸어왔다.
때로는 서로를 밀어주고, 또 때로는 끌어당기면서. 하지만
이번만큼은 그녀가 내가 완전히 다른 길로 접어들었다고
느끼는 건 아닐까, 문득 불안해졌다.

막상 이야기를 꺼냈을 때, 대화는 이렇게 흘러갔다.
"있잖아, 마티. 나는 우리가 죽으면 그냥 끝인 것 같아.
이생이 전부라는 생각이 거의 확실해졌어."
"응, 나도 꽤 오래전부터 그렇게 생각하고 있었어."
"진짜?"

50

"진짜야."

"음, 그럼… 다행인 거지, 그렇지?"

"그런 것 같아. 그런데… 이제 뭐 하고 먹고살 거야?"

"무슨 말이야?"

"글쎄, 하나님을 안 믿으면서 기독교 사역자로 계속 있을 순 없잖아."

그게 다였다.

마티는 분명 담담하게 받아들였지만, 그 순간 나에게는 내 삶이 유한하다는 사실을 실감한 일이 말로 다 할 수 없을 만큼 짜릿하면서도 전율할 만큼 두려운 경험이었다. 마티가 말했듯, 그 깨달음은 좋든 나쁘든 내 기독교 신앙의 마지막 흔적마저 말끔히 지워 버렸다. 물론 나도 유대인 친구들을 통해 개인 영혼의 영원성을 믿지 않으면서도 선하고 정의로운 신을 믿는 신앙이 가능하다는 걸 알고 있었다. 하지만 나처럼 오랜 세월 복음주의 신앙에 젖어 살아온 사람에게 그것은 현실적인 선택지처럼 느껴지지 않았다. 나는 이 세상에서 잔혹한 고통을 겪은 이들이 내세에서 하나님에게 온전히 보상받으리라는 약속을 믿어 왔다. 그것이 곧 내가 이해해 온 하나님의 정의였다. 내세가 없다면, 선하고 정의로운 하나님도 존재할 수 없었고, 그렇게 되면 예수의 가르침은 결국 허황된 형이상학과 '착하게 살면 이롭다'는 상식적인 윤리 지혜가 어설프게 뒤섞인 수준으로 격하될 뿐이었다. 그 깨달음은 또 다른 현실을 마주하게 했다. 우주 전체가 이제 더는 내 편이 아니라는 것이 분명해지자, 세상은 전보다 훨씬 더 낯설고 두렵게 느껴졌다.

하지만 이 삶이 전부라는 사실을 깨닫자마자, 어떻게 살아야 할지 새로운 길을 찾아야 한다는 절박한 마음이 들었다. 그때까지는 어떻게든 믿음을 붙잡고 살아왔지만, 이제는 보이는 현실을 붙들고 살아가는 법을 배워야 했다. 그것도 나 혼자만을 위해서가 아니었다.

잠시 뜸을 들이던 마티가 내게 또 하나의 질문을 던졌다. "우리가 계속 결혼 생활을 해야 할 이유가 이제는 없잖아. 하나님이 안 계신다면, 그만둔다고 해서 벌 받을 일도 없고." 농담처럼 하는 말 같았지만, 그 질문은 나를 꽤 흔들어 놓았다.

"그럼에도 나는 계속 함께하고 싶어." 나는 얼른 대답했다. "당신은?"

"당연하지." 그녀가 장난기 어린 미소를 지으며 말했다. "나는 당신이 아직도 아주 매력적이거든." 그러고는 마치 갑자기 떠오른 생각인 듯 덧붙였다. "근데, 아이들은? 우리 아이들을 여전히 사랑해?"

"당연히 사랑하지. 이 무슨 바보 같은 소리야!" 내가 소리쳤다.

"좋아." 그녀는 무심한 말투로, 마치 하나씩 확인하듯 말했다. "나도 그래. 그런데 그 밖의 것들은 어때? 이제 의무가 아니라면, 그래도 여전히 가난한 사람들에게 손을 내밀고 싶어? 누구라도 따뜻하게 맞이하는 공동체를 만드는 일이 아직도 중요할까? 사회 정의에는 계속 헌신할 수 있을까?

교육과 예술은? 그리고 무엇보다도, 희생적인 사랑이 가장
좋은 삶의 방식이라는 믿음… 그건 아직도 유효한 걸까?”

그녀는 물론 그 질문들에 대한 답을 이미 알고 있었지만,
나와 함께 그 답을 다시 한번 확인하고 되새기고자 일부러
물은 것이었다. 이제부터 우리 삶에서 달라지는 것도
있겠지만, 가장 본질적인 것들은 그대로였다. 우리가
그리스도인이든 아니든, 우리는 여전히 같은 사람들이었고,
같은 부부였다. 세계관은 바뀌었지만, 가장 소중하게 여기는
가치는 바뀌지 않았다. 진짜 질문은 ‘하나님 없이 어떻게
살아갈 것인가’가 아니었다. 그건 이미 알고 있는 일이었다.
진짜 질문은, 더 이상 “하나님의 말씀 위에 서 있다”고 말할
수 없는 지금, 그런 삶의 방식을 우리 자신에게, 아이들에게,
기독교인 친구들에게, 그리고 특히 신앙이 없는 사람들에게
어떻게 설명하고 납득시킬 수 있느냐는 것이었다.

바로 그 점이 처음부터 나를 설레게 했다. 내가 더
이상 기독교는 물론, 그 어떤 형태의 초자연주의도 믿지
않는다는 사실을 받아들이자마자, 가장 먼저 하고 싶었던 건
이미 실천을 통해 효과를 경험해 온 삶의 방식에 철학적인
토대를 새로 마련하는 일이었다. 아마 내가 이미 몇 년 동안
사실상 불가지론자로 살아왔기 때문일 수도 있다. 어쨌든
‘신 없이 사는 삶은 의미가 없을지도 모른다’는 생각은 아예
들지도 않았다. 오히려 신앙을 버리고 가장 먼저 떠오른
생각은 이랬다. **‘세상에! 이제 황당한 옛 신화들까지 믿게
만들지 않아도 되니, 사람들에게 사랑과 정의, 공동체의**

가치를 전하기가 훨씬 쉬워졌잖아!' 그래서 머리가 어느 정도 회복되자마자 나는 도서관으로 가서 이른바 '신무신론자'들의 책을 찾아 읽기 시작했다.

나는 지금 내 이야기를 하는 것일 뿐, 다른 누구에게 하나님을 믿지 말라고 설득하려는 게 아니다. 그러니 리처드 도킨스(Richard Dawkins), 크리스토퍼 히친스(Christopher Hitchens), 대니얼 데닛(Daniel Dennett), 샘 해리스(Sam Harris)가 펼친 논리적이고 과학적이며 상식적인 주장들을 굳이 여기서 요약할 필요는 없다. 다만 그들이 종교를 비판하고, 과학을 옹호하며, 자연의 경이로움을 찬탄하는 이로서 명성을 얻을 만한 충분한 이유가 있다는 것, 그리고 그들의 책들이 막 세속주의자의 삶을 시작하던 내게 큰 도움이 되었다는 점만은 분명히 말할 수 있다. 특히 해리스의 《기독교 국가에 보내는 편지 *Letter to a Christian Nation*》는 믿음을 잃어 가던 시절의 내 마음을 거의 그대로 옮겨 놓은 듯한 책이었고, 요즘 내가 가장 자주 받는 질문들에 답하는 데도 일종의 기본서 역할을 해 주었다.

신무신론자들에게 깊이 감사하면서도, 나는 곧 깨달았다. 그들은 신앙을 거부하는 철학적 토대를 설명하고, 전통 신학과 종교 관행의 근거와 함의를 비판하며, 삶의 문제를 더 이성적으로 풀어 나가자고 주장하는 데에는 매우 능숙했지만, 세속적인 교회를 만들거나 조직화하는 데에는 전혀 관심이 없었다. 오히려 그들은 전통 종교의 내용과 형식 자체는 물론이고, 특정한 삶의 방식을 따르도록 누군가에게

강요하거나 개입하는 태도에 강한 거부감을 보였다. 그런 점에서 그들은 종교로 인해 상처받은 경험에서 아직 벗어나지 못한 기존의 세속주의자들과 다르지 않았다. 지금도 마찬가지다.

하지만 나는 여전히 신시내티의 월넛 힐스 지역에 살고 있었고, 각자의 방식으로 어려움을 겪는 이웃들에게 둘러싸여 있었다. 그리고 거의 30년간 청소년 사역을 해 온 나는 여전히 세상에는 삶의 방향과 영감을 구하는 사람들이 많다는 걸 잘 알고 있었다. 신무신론자들이 내세우는 '간섭하지 말자'는 접근 방식이 지닌 일관성과 정직함은 이해하고 존중했지만, 나에게 그것은 맞지 않았다. 돌아보면, 바뀌지 않은 건 나의 가치관뿐만이 아니었다. 나는 여전히 본질적으로 전도자였다. 신앙을 떠난 이후, 과학적 설명과 논리적 주장만으로는 어딘가 부족하게 느껴졌다. 나는 새로운 복음을 갈망하고 있었다.

영국의 비국교도 목사 에드윈 팩스턴 후드(Edwin Paxton Hood)는 이렇게 경고한 바 있다. "친구를 고르듯 책을 신중히 고르라. 당신의 습관과 인격은 친구만큼이나 책에 의해 영향을 받는다." 내 경우에는 친구가 책을 주었고, 그 책이 모든 걸 바꾸어 놓았다. 즐겁고 유쾌한 무신론자인 내 친구 리치 스타진스키(Rich Stazinski)가 내게 건넨 책은 수전 제이코비(Susan Jacoby)의 《위대한 불가지론자 *The Great Agnostic*》였다. 그 책을 통해 나는 내 새로운 복음인 세속 인본주의를, 그리고 내 새로운 영웅인 19세기의 정치가이자 웅변가 로버트 잉거솔(Robert Ingersoll)을 만나게 되었다. 어느새 내 책상은 잉거솔이 남긴 수많은 연설문, 글, 시, 추도사, 편지들로 빼곡해졌고, 나는 내내 이런 생각을 했다. '내가 그의 재치와 지혜를 알아볼 준비가 될 때까지 역사가 그를 완전히 잊지 않아서 참 다행이야.'

잉거솔은 독실한 기독교 목사의 아들로 자라, 훗날 미국에서 가장 유명한 웅변가 중 한 사람이 되었다. 여기서 그를 길게 소개할 수는 없지만, 어떤 사람이었는지 간단히만 이야기하자면 이렇다. 대중 연설이 대중적 오락이던 시대, 그는 과학, 노예제 폐지, 다윈의 자연 선택 이론, 정교분리, 언론의 자유, 여성의 권리와 평등, 인본주의와 자유사상, 그리고 성경과 교회, 목회자들의 모순과 한계에 이르기까지 다양한 주제를 다루며 엄청난 청중을 끌어모았다. 적들마저 인정했듯이, 그는 따뜻하고 유쾌했으며, 열정적이고 압도적인 화술로 대중을 사로잡는 인물이었다. 내가 그의 글을 읽으며 가장 깊이 감동한 부분은 '사랑'을 인류의 궁극적 희망으로 여기는 분명하고도 깊은 신념, 그리고 그것을 탁월한 언어로 전하는 능력이었다. 잉거솔은 진정한 행복으로 가는 가장 확실한 길은 다른 이의 행복을 염려하는 데 있다고 말했다. 이 단순한 진리를 이토록 명확하고 아름답게 표현한 사람을 나는 이제껏 만나 본 적이 없다. 그는 단번에, 세속 인본주의 전도자로서 내 마음속 롤모델이 되었다.

잉거솔 덕분에 나는 곧 다음에 무엇을 해야 할지 분명히 알게 되었고, 마티 덕분에 그 일을 함으로써 우리의 결혼이

위태로워지지는 않을까 걱정하지 않아도 되었다. 아이들과의
관계 역시 걱정되지 않았다. 우리는 오랫동안 종교적 차이에
대해 충분히 이야기해 왔기 때문이다. 아들들은 이미 몇
년 전부터 기독교에 대한 자신의 문제의식을 솔직하게
털어놓았고, 딸은 아직 교회에 발을 담그고 있긴 했지만,
신앙이 없는 사람들에게도 늘 넉넉한 여지를 두는 아이였다.
우리 부부의 가장 가까운 친구들 대부분이 여전히 신앙심
깊은 그리스도인이긴 했지만, 그들 역시 지금까지 우리가
겪어 온 여러 변화를 함께 겪으며 지켜봐 온 터라, 이번에도
등을 돌리지는 않을 거라고 나는 믿었다. 솔직히 말해, 내가
정말 걱정했던 건 부모님이었다. 마티와 내가 아무 예고 없이
신시내티로 이사했을 때도, 몇 년 뒤 내가 아버지의 사역을
돕던 일을 그만뒀을 때도 부모님은 큰 충격을 받으셨다.
하지만 이번 이야기는 그 모든 일보다 훨씬 더 큰, 말 그대로
규모가 전혀 다른 지진처럼 다가올 것이 뻔했다.

　　신앙심이 깊은 부모를 둔 비신자 자녀라면 누구나
부모님의 마음을 아프게 하지는 않을까 두려워하기 마련이고,
어떤 이들은 그 두려움이 너무 커서 자신의 진심을 끝내
털어놓지 못한다. 하지만 내게 그런 선택지는 없었다. 내가
더 이상 기독교 사역자로 일할 수 없게 되었기 때문만도
아니었고, 세속적인 새로운 삶을 이미 구상하고 있었기
때문만도 아니었다. 부모님께 반드시 사실을 말해야겠다고
생각한 가장 큰 이유는 단순했다. 우리는 오랜 세월 서로
가까이 지내 왔고, 그런 부모님이 더는 진짜 나를 모른다는

생각은 도저히 받아들일 수 없었기 때문이다. 그럼에도 이 이야기를 꺼내는 일은 분명 쉽지 않을 터였다.

물론 부모님이 몹시 화를 내며 나와 의절할 거라고는 생각하지 않았다. 내가 전하려는 말을 달가워하지는 않으시겠지만, 적어도 놀라시지는 않을 터였다. 다른 모든 이들처럼, 부모님도 내가 오랫동안 정통 신앙에서 점차 멀어지는 모습을 지켜보셨기 때문이다. 부모님은 지옥을 말하며 나를 정죄할 분들이 아니었다. 그런 판단은 그분들이 평생 붙들어 온 신학에도, 살아온 삶의 태도에도 맞지 않았다. 내가 예상했던 건 오히려 우리 가족의 앞날에 대한 깊은 걱정과 아들이 신앙을 잃었다는 사실에서 오는 적잖은 슬픔이었다. 어쨌든 '토니 캠폴로의 아들이 믿음을 잃었다'는 이야기는 복음주의권에서 꽤 큰 뉴스이자, 부모님 입장에서는 민망하고도 아픈 일일 테니까.

기독교계에서 아버지의 명성에 흠집이 가는 일이나, 친척들과 친구들이 알게 되었을 때 부모님이 감당해야 할 어려운 대화에 대해서는 우리가 어찌할 수 있는 일이 아니었다. 하지만 세속적 인본주의자로서 맞이하는 첫 추수감사절을 앞두고, 마티와 나는 이 소식을 어떻게 하면 최대한 긍정적으로 전할 수 있을지 오래 고민했다. 결론은 분명했다. 우리가 무엇을 더 이상 믿지 않게 되었는지보다는, 지금도 부모님과 함께 나누고 있는 가치와 삶의 태도에 초점을 맞춰 이야기하자는 것이었다.

그 첫 대화를 자세히 떠올릴 수 있다면 좋겠지만, 지금도

또렷이 기억나는 건 몇 가지 확인 질문을 던지신 아버지가
한동안 손으로 머리를 감싼 채 말없이 앉아 계셨던 모습,
아버지가 낙담하신 게 역력한 가운데서도 분위기를 밝게
유지하려 애쓰시던 어머니의 표정, 그리고 대화가 끝난
뒤 마티와 내가 나눈 이야기였다. 두 분은 우리가 대화를
시작했을 때와 조금도 다르지 않게 여전히 우리를 사랑하고
존중해 주고 계신다고, 우리는 그렇게 느꼈고 또 그렇게
믿었다. 만약 그게 그 주제를 두고 나눈 유일한 대화였다면
세세한 내용까지 더 기억하고 있을지도 모른다. 하지만 이
책을 통해 드러나듯, 그건 단지 첫 번째 대화였을 뿐이며,
이후로도 같은 이야기를 계속 나눠 왔기에 이제는 그 모든
순간들이 하나로 엉켜 내 기억 속에서 흐릿한 흐름처럼
뒤섞여 있다.

하지만 또렷이 기억에 남는 순간이 하나 있다. 그건
아버지와 함께 떠났던 영국 여행 막바지에 있었던 일이다.
우리는 그 일주일 내내 거의 쉬지 않고 서로 세계관 차이에
관해 이야기했고, 그날은 내 말이 비교적 설득력을 얻었던
날이었다. 그런데도 아버지는 실망하거나 불편해하기는커녕,
오히려 무척 흐뭇해 보이셨다. "오늘 아주 좋았다, 바트."
아버지가 말씀하셨다.

"네 말에 다 동의하는 건 아니지만,
다시금 네가

어떤 사람인지

알 것 같아."

나는 왜 남아 있는가:
내가 여전히 신앙을 붙드는 이유

토니 캠폴로

바트가 신앙을 갖게 된 이야기, 그리고 큰 고통 끝에 예수님에게서 멀어져 간 과정을 들으면서, 나는 내 아들이 얼마나 말을 잘하고 설득력 있는 사람인지 새삼 깨달았다. 좋든 싫든, 내 이야기는 그처럼 극적인 전개도 없고, 글의 스타일도 그렇게 세련되지 못하다. 사도 바울이 고린도 교회에 보낸 편지에서 자신에게 '말과 지혜의 아름다운 것'(고전 2:1)이나 '설득력 있는 지혜의 말'(고전 2:4)이 없다고 한 것처럼, 나도 글을 쓸 때면 종종 그런 한계를 느낀다. 그래서 내가 느끼는 예수님의 실재가 독자들에게도 조금이나마 전해질 수 있도록, 하나님께서 나의 부족함을 넘어 역사해 주시길 기도한다. 그런 마음으로, 내가 어떻게 지금 이 자리에 이르게 되

60

었는지, 그리스도인으로서의 여정을 간략히 나눠 보려 한다.

나는 하나님 아버지와 성령님, 그리고 특히 나사렛 예수님이 다른 가족들만큼이나 또렷하게 실재하는 집에서 자랐다. 외갓집은 한 침례교 신학생의 도움으로 가난에서 벗어났고, 어머니와 두 누나는 열정적인 신자였다. 나는 기저귀를 뗀 지 얼마 되지 않아 지역 기독교 라디오 방송에서 복음성가를 부르기 시작했다. 영어를 거의 못 하시던 아버지는 이탈리아에서 이민 온 분으로, 전자 제품을 만드는 RCA 공장에서 긴 시간 힘들게 일하셨다. 집안 형편은 넉넉하지 않았지만, 나는 언제나 주일학교에 단정하게 차려입고 갔고, 어머니와 누나들은 하나님께서 내게 큰일을 맡기실 거라고 굳게 믿었다. 학교에 가려고 집을 나설 때마다 빠지지 않고 들은 말도 있었다. "토니, 오늘도 예수님을 위해 최선을 다하렴!" 우리는 함께 찬송하고, 함께 기도하고, 함께 그리스도 안에서 교제의 기쁨을 누렸다. 솔직히 말해, 나는 내 가족이 내게 알려 준 하나님을 사랑하고 신뢰하지 않았던 때가 있었는지 기억나지 않는다.

8학년 때, 나는 나와 같은 복음주의 신념을 가진 버트라는 친구를 사귀었고, 우리는 고등학교 내내 각별하게 지냈다. '바이블 버저드'라는 성경 공부 모임을 내게 처음 소개해 준 이도 바로 그였다. 바이블 버저드는 매주 토요일 저녁마다 젊은이들이 모여 복음성가를 부르고, 톰 루프(Tom Roop)라는 지도자 아래에서 함께 성경을 공부하는 소중한 공동체였다. 톰은 평신도였지만 성경을 꿰뚫고 있는 듯했고, 복음을 향한 그의 열정은 주변 사람들까지 뜨겁게 만들었다. 그가 나와 다른 십 대들에게 끼친 영향은 아무리 강조해도 지나치지 않다. 우리는 모두 예수님에 대해 더 배우고, 그분의 이야기를 나누는 삶을 중심에 두는 열정적인 그리스도인이 되어 갔다. 매주 40명이 넘는 십 대들이 모였고, 톰은 그들 개개인에게 온 마음을 쏟아부었다. 우리에게 그는 '영적 아버지' 같은 존재였다. 전도를 향한 그의 열정을 생각하면, 우리 가운데 많은 이들이 선교사나 목회자의 길을 걷게 된 것도 전혀 놀라운 일이 아니다.

물론, 여러 해 뒤에 아들 바트가 스스로 깨달은 것처럼, 좋은 청소년 모임에는 단순한 성경 공부 이상의 무언가가 있고, 그리스도인의 신념이란 단지 교리적 정통성만으로 설명되는 것이 아니다. 지금 나는 내 안에 있는 소망의 이유를 뒷받침해 줄 여러 논증들을 줄줄이 말할 수 있지만(벧전 3:15), 그리스도를 향한 나의 믿음은 여전히 '바이블 버저드' 시절 처음 시작된 개인적인 체험에 뿌리를 두고 있다. 나는 지금도 꽤 괜찮은 기독교 변증가라고 생각하지만, 결국 내 신앙의 핵심은 내가 아는 지식이 아니라, 내가 느끼는 감정임을 인정할 수밖에 없다. 블레즈 파스칼(Blaise Pascal)이 한 말처럼, "가슴은 이성이 결코 이해하지 못하는 자신만의 이유를 지니고 있다."

로마서 8장 16절에는 우리가 하나님의 자녀임을 성령께서 우리 영과 함께 증언하신다고 기록되어 있다. 나 역시 내 존재 깊은 곳에서 바로 그 일을 하시는 성령의 임재를 분명히 느낀다. 하나님의 은혜로 나는 믿음이라는 선물을 받았다. 물론 때때로 내면의 영적 확신이 약해질 때도 있지만, 나는 늘 아들을 고쳐 달라며 예수님께 애원했던 절박한 아버지처럼 간구하며 의심에서 벗어나곤 한다. "내가 믿나이다. 나의 믿음 없는 것을 도와 주소서"(막 9:24).

나는 기독교 신앙의 기본 교리를 어려서부터 자연스럽게 받아들였다. 하지만 버트와 톰을 만나기 전까지, 그 교리들은 내게 삶을 뒤바꾸는 체험이라기보다는 단지 역사적 사실에 가까웠다. 그래서 나는 옛 찬송가에서 말하는 '나 처음 믿은 그 시간'이 언제였는지 정확히 짚어 말할 수는 없지만, 고등학교 시절부터 내 영혼이 단순한 구원만으로는 채워지지 않는 무언가를 갈망하고 있었다는 것은 분명히 기억한다. 그리고 이스턴침례대학에 입학할 무렵에는 내 안에 계신 예수님의 임재가 나의 일상에서 매일 분명히 의식되는 실재가 되어 있었다.

내 삶에서 예수님의 임재를 느끼게 되었다고 해서, 모든 게 완전히 달라지진 않았다. 분명 예전보다 눈에 띄게 죄를 덜 짓게 되긴 했지만, 그렇다고 내가 기적처럼 죄 없는 사람이 된 것은 아니었다. 오히려 어떤 면에서는 점점 커져 가던 나의 '의로움'―사실 많은 경우 '자기 의'일 뿐이었지만―이 나를 다른 사람들에게 해로운 존재로 만들기도 했다. 실제로 지난 세월을 돌아보면, 나는 성경이 말하는 의로운 삶, 곧 '하나님의 영광'(시 19:1)이라 불리는 삶의 기준에 미치지 못한 순간들이 많았다. 문제는 단순히 성경이 금한 어떤 율법을 어겼다는 데서 그치지 않았다. 내 죄는 실제로 사람들에게 상처를 주었다. 나이가 들수록, 그리고 언젠가 우리 모두가 삶을 결산하며 모든 진실이 드러날 그 위대하고 영광스러운 날을 떠올릴수록, 나는 내가 상처 주었던 사람들이 예수님께서 내게 먼저 베푸신 그 은혜와 같은 은혜를 나에게도 나눠 줄 수 있기를 더욱 간절히 기도하게 된다.

솔직히 말해, 이 죄책감의 무게를 혼자서는 감당할 수 없을 것 같다. 찬송가 〈어메이징 그레이스*Amazing Grace*〉를 부를 때면, "그 은혜가 내 마음에 두려움을 가르쳐 주었고, 그 은혜가 나를 두려움에서 건져 주었네"라는 가사가 늘 마음에 깊이 와 닿는다. 밤이 깊어 고요해질 무렵이면, 성령께서는 내 죄가 남긴 상처들을 다시 마주하게 하신다. 그런 순간마다 나는 그 죄들을 예수님께 고백하고, 그분의 은혜 안에서 사랑으로 감싸 주시는 확신을 다시금 **느끼게** 된다.

바트처럼 하나님의 은혜를 더 이상 믿지 않는 사람들은 죄책감을 어떻게 감당하는지 가끔 궁금해진다. 어쩌면 지그문트 프로이트(Sigmund Freud)가 말했듯이, 과거의 죄를 떠올리지 않으려 기억을 깊숙이 묻어 두고 억누르려 할지도 모른다. 하지만 프로이트는 그런 억압이 결국 오래가지 못하며, 죄책감은 잠재의식 속에서 다른 모습으로 드러난다고 했다. 때로는 공포로, 때로는 신경질적인 행동으로. 내가 여전히 그리스도인으로 살아가는 큰 이유 중 하나는 내 죄가 단지 용서받은 데서 그치지 않고, 완전히 잊히기까지 했다는 사실을 알기 때문이다. 성경의 표현대로라면, 내 죄는 말끔히 지워지고, 가장 깊은 바다에 던져졌으며, 더는 기억되지 않는다.

하나님께 용서를 구하며 기도할 때 찾아오는 마음과 영혼의 평화가 내게는 절대적으로 필요하다. 죄를 고백하는 순간이면, 십자가에 달리신 예수님께서 시공을 넘어 내게 손을 내미시며, 내 마음을 어둡고 추하게 짓누르던 현실들을 끌어안으시는 것을 느낀다. 수년 동안 교회에서 수없이 불렀던 찬송가들이야말로, 그 뒤에 이어졌던 숱한 설교들보다 더 깊이 이 구원의 실재를 나에게 깨닫게 해 주었다.

> 내 죄가 사해졌다는
> 이 영광스러운 진리가 주는 기쁨이여!
> 일부가 아니라 전부가
> 주의 십자가에 못 박혔으니,
> 나는 더 이상 죄를 짊어지지 않네.
> 찬양하라, 찬양하라, 오 나의 영혼아.

_〈내 평생에 가는 길 *It Is Well with My Soul*〉, **호레이쇼 스패퍼드**(1873)

나에게 복음의 기본 메시지는 과거에도 지금도 여전히 중요하다. 하지만 좁은 시야에 갇혀 있던 초기의 복음주의 신앙이 더 깊고 넓은 신앙의 세계로 나아갈 수 있도록 도와준 이스턴침례대학과 신학교에 나는 지금도 감사한 마음을 품고 있다. 거기서 다져진 믿음은, 적어도 내 삶 속에서는, 세월의 흐름 속에서도 여전히 흔들림 없는 진리로 남아 있다.

지금은 이스턴대학교로 이름이 바뀐 그 학교의 교훈은 '온 세상을 위한 온전한 복음'이었다. 바로 그곳에서 나는 내가 그동안 예수님에 관한 기쁜 소식의 절반만을 전해 왔다는 사실을 깨달았다. 예수님이 이 땅에 오신 건 단지 한 사람 한 사람을 성경이 말하는 '새로운 피조물'로 변화시키기 위해서만이 아니라, 지금의 세상을 하나님이 원하시는 모습으로 바꾸기 위한 전 지구적 운동을 시작하시기 위함이었다는 사실을 수업 하나하나를 통해 배웠다. 교수님들은 그 새로운 세상, 곧 하나님의 나라는 모든 이가 정의와 평화를 누리고 인간다운 삶이 보장되는 곳이 될 거라고 가르치셨다. 요컨대, 이스턴에서 나는 복음을 받아들이는 것이 단지 천국에 가기 위해 예수님을 '개인의 구원자'로 받아들이는 데서 그치는 게 아니라, 도움이 필요한 이들을 위해 이 세상의 불의한 권세와 권력에 맞서 싸우고 그 현실을 바꾸기 위해 헌신하는 삶이라는 걸 배웠다.

물론 신앙을 이해하는 시각은 비단 수업을 통해서만 깊어진 게 아니었다. 이스턴에서 나는 페기를 만나 결혼했고, 그녀는 실천적인 측면에서 예수님을 본받는 삶이 무엇인지 많은 것을 가르쳐 주었다. 지금도 계속해서 배우고 있다. 한편, 대학 시절부터 신학교와 대학원에 다니는 동안 나는 뉴저지와 펜실베이니아에 있는 여러 작은 교회에서 목회하며 예수님을 섬기기 시작했다. 그리고 그 목회지 중 하나였던 펜실베이니아주 어퍼메리언침례교회에서 나는 처음으로 내 인생의 사명이 무엇인지 뚜렷하게 깨달았다.

어퍼메리언침례교회는 미국 침례교(ABC: American Baptist Churches USA)가 새로 지은 전국 본부에서 불과 2킬로미터도 채 떨어지지 않은 곳에 자리하고 있었다. 이 교단은 당시 200만 명에 달하는 교인이 속한 주류 교단이었기에, 여러 교단 지도자가 우리 교회에 출석한 것도 그리 놀랄 일은 아니었다. 그들 가운데 ABC 전도국장 지쓰오 모리카와가 있었다. 그는 명민하면서도 논쟁적 성향을 지닌 인물이었다. 그는 곧 내게 마음을 열었고, 나는 학생이자 젊은 목회자로서 그와의 우정을 진심으로 소중히 여겼다. 실제로 템플대학교에서 박사 논문 주제를 정할 때, 나는 모리카와의 전도 사상을 본격적으로 탐구하고 싶어서 '미국 침례교 내 교회의 구조와 기능에 대한 사회학적 분석'이라는 주제를 선택했다. 모리카와에 따르면, 교회가 복음을 전하는 사명을 온전히 수행하려면, 교회의 사명을 새롭게 정의하고, 사역 전반의 구조를 그에 따라 근본적으로 재편해야 했다. 논문을 준비하며 나는 그가 남긴 모든 저작을 읽었고, 여러 차례에 걸쳐 직접 대화를 나누었다. 논문을 탈고할 즈음, 나의 신학과 소명에 대한 인식은 이전과는 완전히 달라져 있었다.

'바이블 버저드' 시절부터, 전도는 내 사역의 중심이었고, 어쩌면 내 존재 이유이기도 했다. 어디를 가든 나는 모든 사람이 예수님을 영접하고, 영접 기도를 드리며 구원받기를 간절히 바랐다. 하지만 박사 논문을 쓰는 동안, 전도는 단순히 사람들이 영생을 보장받는 믿음을 갖게 하는 것 이상의 의미를 지닌다는 사실이 점점 더 분명해졌다. 모리카와 덕분에, 진정한 전도란 단지 개인의 구원을 넘어서, 예수님께서 그의 백성을 통해 지금 이 세상 가운데서 일하고 계시며, 세상을 '하나님의 나라'로 변화시켜 가고 계신다는 복된 소식을 선포하는 일이라는 걸 깨닫게 되었다. 그 깨달음 이후, 나는 성경 곳곳에 나오는 하나님의 나라가 단지 신자들이 죽은 뒤에 가는 저 너머 어딘가가 아니라, 사랑과 정의가 실현되는 **이 땅**에 재구성된 새로운 공동체라는 사실을 이해하기 시작했다.

"나라가 임하시오며, 뜻이 하늘에서 이루어진 것 같이 땅에서도 이루어지이다"(마 6:10)라는 주기도문 구절을 읊조릴 때마다, 그 기도가 내게 전혀 새로운 의미로 다가오기 시작했다. 이 말씀은 하나님의 나라가 단지 '죽어서 가는 천국'이 아니라 지금 이 땅, 우리가 살아가는 현실 속에 이루어져야 할 나라라는 뜻이었다. 그것이야말로 내가 날마다 기도하며 간구해야 할 하나님의 나라였다. 물론 그 나라가 이 땅에 임하려면, 개인이 죄된 본성에서 벗어나는 것뿐 아니라, 사회 제도들 역시 근본적으로 '구원'받아야 했다. 나는 점점 더 이런 생각을 하게 되었다. 만약 정치 제도가 하나님 뜻에 따라 작동하려면 무엇이 바뀌어야 할까? 법률과 경제, 교육 시스템은 어떻게 바뀌어야 하나님의 뜻을 담아낼 수 있을까? 세상의 모든 구조는 하나님의 뜻을 반영하도록 다시 짜여야 했다. 그리고 무엇보다 세상의 가난한 이들과 억압받는 사람들이 겪고 있는 불의 앞에 더 이상 침묵하거나 외면해서는 안 된다는 사실을 깊이 깨닫게 되었다.

내가 영적인 변화를 겪던 그 시기, 성경을 읽는 일이 전과는 전혀 다른 의미로 다가오기 시작했다. 그 안의 말씀이 내 마음 깊은 곳을 흔들 만큼 강력하고 생생하게 다가온 것이다. 특히 예수님의 비유들이 전하는 핵심이 하나님 나라였다는 사실을 새삼 깨달았고, 그 비유들은 그리스도인, 곧 하나님 나라의 백성이 어떻게 살고 행동해야 하나님이 세상 속에 이루고자 하시는 변화를 실현할 수 있는지를 깊이 보여 주었다. 나는 이제 그리스도인이 된다는 것은 단지 개인적인 구원의 문제가 아니라, 하나님이 원하시는 세상을 이루기 위한 혁명적인 운동에 참여하는 일이라는 사실을 온몸으로 느끼게 되었다. 그 깨달음은 마치 새벽빛처럼 조용히, 그러나 분명하게 내 안을 비추기 시작했다.

내 신앙과 사고가 변해 가던 그 시기는 미국 사회가 민권 운동과 반전 운동으로 큰 혼란을 겪던 1960년대 초반이었다. 그러한 시대 흐름 속에서, 나는 하나님께서 나에게 더 적극적으로 참여하라고 부르시는 음성을 느꼈다. 하지만 당시 내가 목회하던 어퍼메리언침례교회는 정치적으로 보수적인 분위기가 강했기에, 내가 이런 논쟁적인 사회운동가로 나서는 일이 자칫하면 교회 공동체를 분열시킬 수 있다는 우려도 있었다. 그런 현실을 감안한 끝에, 이스턴대학교와 펜실베이니아대학교 양쪽에서 강의할 기회가 열리자, 나는 목회직을 내려놓기로 결심했다.

교단을 떠나 처음 교실에 들어섰을 때부터, 이곳이 바로 내게 딱 맞는 자리라는 걸 직감했다. 학문 공동체는 내가 품고 있던 새로운 전도의 비전, 곧 개인적인 제자도와 사회 정의에 대한 헌신을 함께 담은 '총체적 전도'를 나누기에 최적의 공간이었다. 당시 내가 만난 젊은이들 가운데는 자신의 영적 갈망과 세상을 변화시킬 실천적 행동을 연결해 줄 신앙을 갈망하는 이들이 많았다. 그 갈망은 세속적인 펜실베이니아대든 복음주의 성향이 강한 이스턴대든 마찬가지였다. 내 수업에는 해마다 더 많은 학생이 몰려들었고, 그들은 내 이야기를 듣고 싶어 했을 뿐 아니라, 그 비전을 함께 실천에 옮기고자 했다.

이스턴대학에서 우리는 학생들로 팀을 꾸려, 필라델피아 시 정부 임대 주택 단지로 들어가 저소득층 아이들을 위한 방과 후 학습 지도를 시작했다. 곧 여름 프로그램도 추가되었고, 스포츠, 문화 활동, 성경 이야기를 함께 담은 '거리 캠프'에는 매년 수백 명의 아이들이 참여했다. 그 열기는 다른 대학으로도 빠르게 번졌고, 우리의 사역은 여러 도시로 확산되었으며, 마침내 아이티와 도미니카공화국, 그리고 그 외 다른 나라들로까지 퍼져 나갔다.

이 프로그램은 언제나 아이들과 청소년들이 하나님을 믿도록 이끄는 데 중점을 두었고, 그 결과 수년 동안 수천 명이 그리스도를 영접했다. 하지만 변화는 그들만의 몫이 아니었다. 이 사역에 참여한 대학생들 역시 그 경험을 통해 깊이 변했고, 그 변화는 그들 인생 전체에 방향을 제시했다. 오늘날에도 수백 명의 목회자, 선교사, 의사, 사회복지사, 그리고 다양한 분야에서 변화를 만들어 가는 이들이 자신의 소명이 바로 그 도심 사역에서 시작되었다고 말한다.

물론, 나 역시 변하고 있었다. 조직자로서 사역에 더 깊이 관여할수록, 학생들과 함께 섬기던 가난하고 소외된 아이들 가운데서 그리스도의 임재를 더 생생하게 느꼈다. 그러면서 나는 점점 성경 전체에 흐르는 '가난한 자에 대한 하나님의 우선적 관심'이 실제로 존재한다는 사실을 깨달았고, 예수님의 복음은 억압받는 이들에게 더욱 특별한 기쁜 소식이어야 한다는 믿음을 깊이 간직하게 되었다. 이제 내게 전도란 단지 개인적인 구원의 확신을 주는 일이 아니라, 정의를 위해 살아가며 예수님을 향한 신앙을 실천하도록 사람들을 부르는 일이 되었다. 예수님이 '지극히 작은 자'라고 부르신 사람들을 마치 주님을 섬기듯 섬기도록 그리스도인들에게 거리로 나가라고 촉구하는 일이 되었다. 그리고 그보다 더 나아가, 나는 지금도 그분이 제자들을 통해 세상 가운데 일하고 계시며, 언젠가 다시 오셔서 모든 것을 영광스럽게 완성하실 것이라는 믿음을 품게 되었다. 곧 "세상 나라가 우리 주와 그의 그리스도의 나라가 되어 그가 세세토록 왕 노릇 하시리로다"(계 11:15) 하신 약속의 말씀 그대로.

나를 끝까지 붙들어 주는 것은 결국 그 마지막 고백, 곧 죄와 죽음 위에 계신 예수님의 궁극적 승리에 대한 확신이다. 특히 인생이 흔들릴 때면 그 믿음이 더 절실히 나를 붙잡는다. 나는 유토피아적 이상주의자가 아니다. 올해로 여든한 살이 된 나는 삶의 끝이 멀지 않았음을 피할 수 없이 자각하고 있다. 그래서 매일 아침 눈을 뜰 때마다 이 경이로운 세상에서 하루 더 살아갈 수 있게 해 주신 하나님께 감사 드린다. 하지만 동시에, 세상에는 수십억 명의 사람들이 여전히 달콤하지 않은 삶을 살아가고 있다는 사실도 잘 안다. 솔직히 말하자면, 죽음 저편에 사랑과 정의가 기다리고 있다는 믿음이 없다면, 특히 지금 이 땅에서 고통받고 있는 사람들을 위한 사랑과 정의가 실현되리라는 믿음이 없다면, 나는 아마 절망에 빠졌을 것이다. 삶의 끝이 나를 향해 성큼 다가오는 지금, 나는 예수께서 나와 함께 계신다는 인식에 기대어 산다. 그리고 그의 말씀이 내 안에 울려 퍼질 때마다 깊은 위로를 받는다.

나는 부활이요 생명이니 나를 믿는 자는 죽어도 살겠고
(요 11:25).

가끔은 악한 자(그렇다, 나는 사탄의 존재를 믿는다)가 하나님의 영원한 나라에 대한 나의 믿음이 결국 바트가 말하듯 단지 '희망적 사고'에 불과하다고 속삭이며 나를 괴롭힌다. 하지만 그런 순간이면, 나는 내 마음속으로 예수님의 이름을 조용히, 계속해서 부른다. 그러면 그분이 내 안의 두려움과 의심을 밀어내시는 게 느껴진다.

그리스도인이 된다는 것은 내게 역사의 궁극적인 흐름에 참여할 기회였고, 지금도 여전히 그렇다. 수십 년 동안 내가 설교하고, 시간과 에너지를 기울여 온 다양한 사역은 지금 이 순간에도 세상 속으로 뻗어 가고 있는 성경의 비전, 곧 하나님의 나라 안에서 이루어졌다. 어떤 이들은 내가 영화 〈블루스 브라더스〉에서 "우리는 하나님께서 맡기신 사명을 수행 중입니다"라고 떠드는 주인공처럼 보인다고 비웃을지 모른다. 하지만 바로 그 믿음이 내 삶에 형태를 주었고, 의미를 만들어 주었다. 예수를 따른다는 사실은 T. S. 엘리엇(T. S. Eliot)이 말한 '속이 빈 사람들', 곧 희망 없이 세상의 끝을 '쾅' 하는 폭음이 아니라 그저 흐느낌 속에서 맞이할 사람들 가운데 하나가 되는 길에서 나를 단번에 구해 주었다. 그리고 예수님을 신뢰하는 삶은 결국 "바보가 들려주는 이야기, 소음과 분노로 가득하나 아무 의미도 없다"고 여기는, 셰익스피어적 냉소주의가 내 주변에서 자라날 때마다 그것으로부터 나를 지켜 주는 구원의 줄이 되어 준다.

진정한 의미에서 내 신앙의 여정은 하나님과의, 그리고 다른 그리스도인들과의 끊임없는 대화였다. 나는 혼자 있을 때든, 다른 신자들과 함께 있을 때든, 잠시 멈춰 하나님을 떠올리며 내가 무슨 말을 해야 할지, 어떻게 행동해야 할지 생각할 때마다 성령이 내 안에서 살아 역사하심을 느낀다. 내게 기도란 바로 그런 순간들을 뜻한다. 기도는 식사 전 감사 인사를 드리거나, 하루 중 정해진 시간에 하나님의 인도나 개입을 구하는 데서 그치지 않는다. 그보다 훨씬 더 본질적으로, 기도는 하루를 살아가며 내가 하나님과 직접적으로, 또는 다른 사람을 통해 만나고 교감하는 순간에 이루어진다. 그 만남은 언제나 하나님께서 의도적으로 나를 더욱 예수를 닮은 존재, 더 온전한 인간으로 빚어 가시는 과정이었다.

일상 속 평범한 경험과 만남 가운데서, 하나님의 영이 **내게**, 그리고 **내 안에서** 무엇을 하시는지를 말로 설명하기란 쉽지 않다. 하지만 분명한 건 성령께서 내 안에 어떤 감수성을 일으키신다는 것이다. 그 덕분에 나는 주변의 평범한 사람들과 사물 속에 숨어 있는 경이로움을 느낄 수 있게 된다. 어떤 현상학자들이 말하는 '마음챙김(mindfulness)'과도 비슷한 감각일 것이다. 그분은 내가 우리 주위에 가득한, '빛나는 축복들'(딱히 다른 말이 떠오르지 않는다)을 민감하게 알아차리게 하신다. 그 축복들은 그저 우리가 눈여겨보고, 마음을 열기만 하면 누릴 수 있는 것들이다. 그리고 바로 그분이 내 안에 함께 계시기에, 나는 진심으로 지금 이 순간을 살아 낼 수 있다.

나에게 '영성'이란, 일상의 경험과 인간관계를 하나님을 의식하며 잠시 멈춰 돌아볼 때, 그 순간들이 더 깊고 풍요롭게 다가오는 것을 뜻한다. 그렇게 살아가도록 내게 힘을 주는 분이 바로 내 안에 계신 그리스도의 영이시다. 그 영에 나를 맡기면, 어떤 때는 시간 속의 소중한 순간들을 마치 내 존재 깊숙이 영원히 새겨 넣는 듯한 경험을 하게 된다. 이렇게 내 영혼이 '깨어 있는' 상태에서는 덧없이 지나가 버릴 수 있는 한순간이 멈추고, 그 틈으로 무언가 초월적인 것이 스며들어 내 안에 머문다. 솔직히 말해, 내가 이 땅에서 천 년을 더 산다 해도, 그런 순간들은 절대 흐려지지 않고 내 존재를 이루는 핵심으로 남아 있을 것이라고 믿는다.

비그리스도인들 역시 내가 묘사한 이런 경험에 깊이 공감할 수 있으리라 생각한다. 다만 나에게 이 깨달음은 오직 하나님께서 주시는 선물이다. 일상의 평범함 속에서 초월적인 무언가를 알아차리는 다른 길들도 있을지 모르지만, 내가 확실히 알 수 있는 길은 내 안에 계신 성령님을 인정하는 것뿐이다. 삶의 경이로움에 대해 바트가 열정적으로 아름답게 말할 때면, 나는 종종 그가 사회과학자 에이브러햄 매슬로(Abraham Maslow)가 말한 '절정 경험(peak experiences)'을 묘사하고 있다는 생각이 든다. 하지만 그런 이야기를 들을 때면 문득 이렇게 묻게 된다. "그가 정말로 거부한 게 하나님일까, 아니면 우리가 하나님에 대해 이야기해 온 방식일까?" 어쩌면 바트가 거부한 것은 하나님이 아니라, 우리가 자주 사용하는 지나치게 신학적인 언어 같은 것일지도 모른다. 그런 말들이 바트와 또 많은 사람이 스스로를 '종교적이지는 않지만 영적인 사람'이라고 정의하게 만든 건 아닐까.

어쨌든, 이 짧은 영적 여정을 통해 내가 오늘 어떤 그리스도인이 되었는지 어느 정도 감을 잡을 수 있었을 것이다. 물론 내게는 여기에 담지 못한 이야기가 많이 있고, 그중 일부는 이어지는 대화 속에서 자연스럽게 드러날 것이다. 지금 가장 중요하게 전하고 싶은 것은 이것이다. 내 신앙에는 분명하고 탄탄한 신학적 기반이 있지만, 그 진짜 토대는 오랜 시간 동안 하나님의 변함없는 임재를 삶 속에서 끊임없이 경험해 왔다는 사실이다.

원하지 않은 것이 아니라 할 수 없었던 것:

믿음은 선택이 아니다

바트 캠폴로

B인본주의 사역자로서, 이제 막
신앙을 떠난 그리스도인들에게 건네는 내 조언은 늘 똑같다.
신앙을 지키고 있는 친구나 가족에게 소식을 전해야 할 때가
오면, 당신이 더는 믿지 않는다는 사실과 그 이유를 전부
늘어놓는 것으로 대화를 시작하지 말라. 그 대신, 교회에서
처음 배웠던 소중한 가치들, 당신이 가장 사랑하는 예수님의
가르침들, 그리고 당신과 당신이 사랑하는 사람들이 여전히
공유하는 사회 정의와 공동체 건설에 대한 중요한 헌신을
먼저 이야기하라. 그런 다음에 당신이 왜 더는 그들처럼 믿을
수 없는지 이야기하라.

이것이 더 긍정적인 접근법이고, 대화의 초점을

공통분모에 맞출 수 있게 해 준다. 하지만 신앙을 떠난 우리들은 조만간 신앙 안에 머무는 사람들에게 똑같은 질문을 받을 수밖에 없다. 무슨 일이 있었니? 뭐가 잘못된 거니? 왜 더는 기독교가 와닿지 않는 거니? 다시 한번 말하지만, 내 조언은 늘 똑같다. 신학적으로 따지지 말고, 당신의 이야기를 들려주라.

물론, 당신의 마음이 변했다는 것을 다른 사람에게 알리기 위해 자서전을 완성해서 들려주어야만 한다는 말은 아니다. 오히려, 나의 경험에 따르면 이런 대화에서는 당신의 논리를 몇 개의 간단한 선언적 문장으로 요약하고, 각각을 가능한 한 간략한 말로 설명하는 것이 좋다. 그러니까 그 몇 마디 말을 가능한 한 개인적인 말로 하라는 뜻이다. 요컨대, 당신이 영적으로 어디에 있는지를 설명하는 가장 친절하고 안전한 방법은 단순히 당신이 어떻게 거기에 이르게 되었는지를 말해 주는 것이다.

돌이켜보면, 내게 그런 조언을 해 줄 인본주의 사역자가 있었더라면 좋았을 텐데 하는 아쉬움이 있다. 그 추수감사절 밤 신시내티에서 부모님에게 내 이야기를 말씀드렸을 때부터 한동안 나는 기독교에 대해 내가 느끼는 모든 문제점을 먼저 나열하는 실수를 저질렀고, 이는 항상 신자인 상대방이 방어적이 되게 만들었다. 나는 사실 다른 누군가의 신앙을 망치고 싶지는 않았지만, 성경의 진실성, 십자가의 도덕성, 그리고 교회의 역사 기록을 공격하며 말을 시작했기 때문에 분명 그렇게 보였을 것이다. 하지만 결국 나는 핵심으로 바로

들어가는 법을 배웠다. 내가 어쩔 수 없는 몇 가지 이유들로
인해, 나는 그냥 하나님을 믿는 것을 멈추었을 뿐이라고
말하는 것이다. 나머지는 그저 세부 사항일 뿐이다.

물론, 내가 개신교에서 가톨릭이나 그리스 정교회로
개종했거나, 유대교나 이슬람교로 뛰어넘어 갔거나, 혹은
힌두교, 모르몬교, 사이언톨로지, 또는 다른 많은 초자연 종교
중 하나로 더 멀리 갔더라면 이야기는 달랐을 것이다. 그런
경우라면, 내 신학의 세부 사항, 특히 성경적 권위에 대한
나의 이해가 훨씬 더 중요했을 것이다. 하지만 내게 정말로
중요한 것은 수년에 걸쳐 초자연적 실재를 믿는 능력이 점차
사라졌고, 마침내 물질과 에너지, 시간으로 이루어진 자연적
우주만이 존재한다고 확신하게 되었다는 점이다.

놀랄 것도 없이, 그런 종류의 자연주의가 내게 찾아온
것은 자연스러운 일은 아니다. 오히려, 나는 성인기의
대부분을 하나님이 인간의 발명품이라는 생각과 적극적으로
싸우며 보냈다. 그리스도인이 된 순간부터 나는 거의 항상
실존적 의심에 시달렸고, 그 대부분을 해결하기보다는
내 삶을 계속 살아가기 위해 묻어두었다. 하나님 문제에
정면으로 맞서지 않은 것은 내 직업 때문만은 아니었다. 나의
개인적 정체성, 대외적 이미지, 결혼, 가족 관계, 그리고 가장
친밀한 교우 관계 등 모두가 부활하신 주님이자 구원자이신
예수님을 신뢰하고 선포하는 것을 중심으로 구축되어 있었다.
십 대 시절 어머니가 막판에 개입해서 막아 준 덕분에 등
전체에 거대한 십자가 문신을 하지는 않았지만, 했더라도

이상할 게 없었다. 내 삶 전체가 복음에 둘러싸여 있었다. 정말로, 나보다 신앙을 지키려는 동기가 더 강했던 사람이 있으리라고는 상상할 수 없다.

그럼에도 불구하고, 나는 지킬 수 없었다. 잠시 멈추어 마지막 문장을 다시 읽어 주기 바란다. 이 점이 매우 중요하기 때문이다. 나는 하나님을 믿지 않기로 **선택한** 것이 아니다. 나는 그저 믿는 것을 멈췄다. 기독교의 서사를 버린 것은 즐거운 마음으로 의지적으로 한 결정이 아니라, 모든 반대 증거에 맞서는 오랜 싸움 끝에 내린 불행한 결론이었다. 신앙을 떠난 다른 많은 그리스도인들처럼, 나는 내 불신앙을 의도적으로 만들어 내지 않았다. 그것은 내게 일어난 일이었다. 느리지만 확실하게, 한때 내게 절대적으로 실재하는 것처럼 보였던 그 자비로운 존재가 어느 순간 상상 속의 친구처럼 느껴지기 시작했다. 내가 하나님에게 등을 돌린 것이 아니다. 그분이 내 눈앞에서 사라지셨다.

오해하지 말라. 내가 오랫동안 품었던 성경에 대한 의문들, 원죄와 대리적 속죄라는 핵심적인 기독교 교리, 그리고 교회의 얼룩진 역사, 게다가 예방되지 않은 수많은 비극과 응답받지 못한 기도들이 그것과 아무 관련이 없다고 말하는 것은 아니다. 리처드 도킨스나 샘 해리스 같은 세속주의 작가들이 쌓아 놓은 자연주의에 대한 과학적 증거와 논리적 주장들이 결국 내게 영향을 미치지 않았다고 말하는 것도 아니다. 내가 말하려는 것은 단지 그런 것들이 나를 무너뜨린 게 아니라는 점이다. 내 아버지와 모든 다른 진실한 신자들처럼, 나 또한 하나님이 실재한다는 사실을 확신하는 동안에는 그 모든 문제들과 그 이상의 것들을 우회할 방법들을 찾았었다.

예를 들어 보겠다. 대학생 시절, 나는 옥스퍼드 출신의 매우 저명한 성서학자인 제임스 바(James Barr) 교수의 강의를 들었다. 바 교수는 주로 연구를 위해 미국에 왔기 때문에, '성경의 범위와 권위'라는 그 강의는 널리 홍보되지는 않았다. 사실, 나와 친한 친구였던 제리와 나를 포함해 단 네 명의 학생만 수강 신청을 했다.

바 교수가 의도적으로 나와 하나님과의 관계에 대해 근본적인 도전을 하려고 했는지는 모르겠지만, 고전이 된 그의 책 《근본주의Fundamentalism》를 읽기 시작하자마자 나는 완전히 포위된 느낌을 받았다. 매주 진행된 그의 강의는 나를 더욱 흔들리게 만들었다. 친근한 스코틀랜드 억양으로 말하는 바 교수는 나와 학생들을 구약과 신약 성경 속으로 빠르게 안내하면서, 도중에 다양한 오류, 내부 모순, 도덕적으로 혐오스러운 구절들을 태연하게 지적하고, 그것들이 '어떻게' 그리고 '왜' 거기에 있게 되었는지 다시 생각해 보도록 권했다. 나는 그런 식으로 성경을 본 적이 없었고, 그렇게 보자 결과는 참담했다.

이상하게도, 그 당시에 내게 가장 큰 인상을 남긴 성경의 불일치는 나중에 나를 그토록 괴롭혔던 노예제, 여성 혐오, 대량 학살과는 아무 관련이 없었다. 내 마음을 정말로 혼란스럽게 만들었던 것은 사도행전 9장(모두가 예수님의 음성을

80

듣지만 바울만 눈부신 빛을 보고 땅에 엎드러짐), 사도행전 22장(모두가
빛을 보지만 바울만 예수님의 음성을 듣고 엎드러짐), 그리고 사도행전
26장(모두가 함께 보고, 듣고, 엎드러짐)에 묘사된 바울의 회심
장면들이 서로 분명히 불일치한다는 사실이었다. 문득 이런
의문이 들었다. 우리의 거룩한 경전이 완전히 오류가 없다는
믿음에 문자 그대로 모든 것을 의존하고 있는 그리스도인의
여정을 5년이나 걸어온 내가 어째서 이렇게 명백하고 반박의
여지가 없는 허점을 이제껏 알아차리지 못했을까?

물론 그런 흠은 더 있었고, 바 교수는 기꺼이 우리에게
그런 내용들을 알려 주었다. 얼마 지나지 않아, 나는 성경에
대해 배운 모든 것을 심각하게 의심하고 있었다. 내 친구
제리도 괴로워했고, 우리 둘은 종종 밤늦게까지 이야기를
나누며, 우리의 삶을 지탱해 주었던 성경적 토대에 매달릴
방법을 필사적으로 찾았다. 무엇보다도 우리는 바울을
다마스쿠스 길에서 만나 주신 하나님이 실재한다고 알고
있었다. 우리 둘은 그와 똑같은 압도적인 임재를 스스로
경험했기 때문이다.

바 교수가 그처럼 학문적 엄밀성을 중시하지만 그
또한 신자일 것이라고 생각하며, 우리는 그가 우리를 기꺼이
도와줄 것이라고 여겼다. 하지만 그를 찾아갔을 때, 바 교수는
우리의 개인적인 질문들을 능숙하게 피했고, 제리와 내가
분명히 괴로워하고 있었음에도 불구하고 아무런 영적인
지도를 베풀지 않았다. 자신은 우리의 교수일 뿐, 목회적
돌봄을 제공하는 것은 자신의 자리에서 할 일이 아니라고

했다. 하지만 우리가 방을 나설 때, 그 노교수는 우리에게 뼈다귀를 하나 던져 주었다. 그는 눈을 반짝이며, 독일 신학자 칼 바르트(Karl Barth)의 성경의 권위에 대한 접근법을 주제로 기말 보고서를 써 보면 흥미로울 것이라고 조용히 제안했다.

그리스도인이었을 때, 나는 칼 바르트가 성경이 인간적인 오류로 가득 차 있다는 사실을 감추지 않으면서도 성경이 영감 된 책임을 강하게 긍정하는 방법을 보여 줌으로써 어떻게 내 신앙을 구했는지 행복하게 설명하곤 했다. 바르트에 따르면, 성경을 권위 있게 만드는 것은 역사적 정확성이나 문학적 완벽성이 아니라, 하나님이 그의 백성을 하나로 묶고 인도하기 위해 성경을 지속적으로 사용하신다는 사실이다. 바르트에게 진정한 하나님의 말씀은 과거에도 지금도 예수 그리스도이시며, 성경은 그 진정한 말씀이신 예수 그리스도를 가리키는 표지에 불과하다. 성경이 거룩한 이유는 하나님이 그것을 통해 말씀하시어 하나님의 뜻을 그의 교회에 역동적으로 전달하기로 선택하셨기 때문이다.

예전에 나는 도서관에서 제리의 맞은편에 앉아 바르트의 《교회교의학 Church Dogmatics》 전집을 책상에 쌓아 놓고 공부하곤 했다. 그러다 결국 내가 그리스도인으로 남을 수 있겠다는 확신이 들었고, 그때 느꼈던 안도감과 기쁨을 사람들에게 이야기하곤 했다. 그 일로 아버지에게 전화를 걸었을 때, 아버지는 신학교 시절 그 책들이 자신의 신앙도 붙들어 주었다고 말했다. 그래서 내 이름을 바트(바르트의 줄임말)라고 지었다는 이야기를 듣고 나는 크게 놀랐다.

82

하지만 요즘 나는 바 교수와 바르트에게 복잡한 감정을 느낀다. 그 두 사람이 내가 복음주의 그리스도인으로 오래 남아 있도록 도왔기 때문이다. 그들이 없었다면 나는 훨씬 더 일찍 신앙을 포기했을 것이다. 덕분에 나는 신자로서 누릴 수 있는 소중한 관계와 경험 들을 충분히 누릴 수 있었다. 동시에 그들의 신학적 도움은 또 다른 결과를 남겼다. 나는 삶은 물론, 결국에는 직업적 경력까지도, 처음 생긴 균열이 제대로 치유되지 않은 채 임시로 땜질한 성경적 토대 위에 계속 쌓아 올리게 되었던 것이다.

왜 나는 바르트가 성경 자체의 오류로부터 성경을 지키기 위해, 그렇게까지 복잡한 신학적 곡예를 벌이고 있었다는 사실을 알아보지 못했을까? 왜 나는 그가 내게 준 것이 고대적 세계관을 반영한 표현들에서부터 성경 내부의 모순들, 더 나아가 노예제와 여성 혐오, 대량 학살, 동성애 혐오, 반유대주의까지―문자 그대로 읽으면 정당화되는 것처럼 보이는 모든 문제를 교묘하게 피해 가는 해석에 불과하다는 사실을 즉시 깨닫지 못했을까? 왜 나는 그렇게 '칼 삼촌'에게 기꺼이 동참하여 우리 둘 다 복음의 핵심이라고 여겼던 예수님의 삶과 가르침으로부터 그 모든 것들을 분리하고 있었을까? 대답은 정말 간단하다. 나는 그 복음 뒤에 있는 하나님이 실재할 뿐만 아니라, 내 삶에서도 온전히 활동하고 계시다고 절대적으로 확신했기 때문이다.

그 확신으로 무장하고, 나는 하나님을 위해 온갖 종류의 변명을 할 수 있었다. 캠든에서 일어난 내 친구 손다의

집단 성폭행 사건부터 시작해서 2012년 아이티의 파괴적인
지진에 이르기까지, 나는 하나님이 우리에게 사랑의 능력을
주시기 위해 자유 의지를 주셔야만 했고, 모든 인간의
고통은 직간접적으로 그 자유의 남용에서 비롯된다고
스스로 상기하며 하나님을 면책했다. 마찬가지로, 암에
걸린 아이를 치유해 달라는 기도나 가정 폭력으로부터
한 여자를 구해 달라는 기도와 같이 내가 보기에 명백히
정당한 기도들조차 응답받지 못했을 때, 나는 하나님이 항상
그렇게 드물게 나타나시는 데에는 그럴 만한 이유가 있을
것이라고 상상했다. 내가 초자연적인 힘을 믿는 동안에는,
하나님은 실재할 뿐만 아니라 전적으로 비난받을 여지가 없는
분이셨다.

　　만약 이 말들 중 어떤 것이 비꼬는 말이나 거만한 말로
들린다면, 내 의도와는 다르게 전해진 것이다. 진실은, 내가
그리스도인이 된 이후 초기에 가졌던 확신에 대해 나는
아직도 큰 애정을 가지고 있으며, 우리 모두가 이해하지
못하는 것을 이해하시며, 성경을 통해 우리에게 말씀하시며,
결코 잘못된 일을 행하지 않으시고, 마침내 죄와 죽음을
완전히 이기실 선하고 사랑이 많으신 하나님이라는 개념은
내게 여전히 매력적이라는 것이다. 솔직히 말하면, 만약 그
모든 것을 다시 한번, 영원히 진정으로 믿게 해 줄 마법의
약이 있다면, 나는 지금이라도 그 약을 단번에 삼킬 것이고,
그 이유는 단지 내 가족을 행복하게 해 주기 위해서만은
아니다.

하지만 좋든 나쁘든, 우리 중 누구도 자신이 믿는 바를 정말로 선택하지는 않는다. 우리가 아무리 동기 부여를 받고 애를 쓰더라도, 무엇이 실재하는지를 느끼는 우리의 감각은 우리의 통제를 벗어난다. 그리스도인 친구들이여, 생각해 보라. 만약 누군가 당신의 머리에 총을 겨누고 있고 당신이 이슬람교를 진정으로 받아들이지 않으면, 그로 인해 당신과 당신의 친구들, 가족, 그리고 아직 예수님을 개인적인 주님과 구원자로 믿지 않는 만 명의 고아들이 함께 죽게 될 것이 절대적으로 확실하다면, 당신은 진심으로 그렇게 할 수 있겠는가? 무함마드가 실제로 달을 둘로 쪼개고 날개 달린 말을 타고 하늘로 날아갔다고 믿는다고 말하면서 거짓말 탐지기 테스트를 통과할 수 있겠는가? 그 문제와 관련해서 당신은 대부분의 사람들이 한때 믿었던 것처럼, 지구가 우주의 중심이고 모든 별들이 그 주위를 돈다는 것을 의지를 발휘해서 스스로 믿게 만들 수 있겠는가? 그럴 수 없을 것이다. 그런 것들에 대해 당신의 마음은 이미 결정되어 있겠지만, 조심스럽게 말하자면, 그 결정은 전적으로 당신 스스로 한 것이 아닐 수도 있다.

물론, 증거나 논증이나 개인적인 경험에 의해 새롭거나 다른 무언가를 확신하게 될 수 없다는 의미는 아니다. 내가 말하려는 것은 단지 당신이 아무리 원한다고 하더라도, 당신이 무엇을 생각할지를 결정할 수는 없다는 것이다. 그 모든 설득력 있는 것들은, 부모님이든, 목사님이든, 혹은 여러 과학자들이든, 어디에서 왔든지 간에 당신을 설득하거나 설득하지 못하거나 둘 중 하나다. 당신이 결정할 수 있는 것은 당신에게 참되게 보이는 것들을 가지고 무엇을 할 것인가다.

내가 신앙에서 돌아선 사실이 널리 알려진 이후로, 전 세계의 진실한 신자들이 내게 편지를 쓰고, 전화를 하고, 방문하며, 사랑하는 마음으로 나에게 재고해 보라는 간청을 해 왔다. 때때로 그들은 영원한 지옥 불에 대해 경고하거나, 세속적인 선에 대한 나의 열정이 다른 사람들을 잘못된 길로 이끌 수 있다고 한탄하지만, 더 많은 경우에 그들은 내게 금식하고 기도하며 하나님을 찾으라고 권하거나, 긴 성경 구절 목록과 기독교 변증에 관한 책 목록을 보낸다. 아마도 내가 내 인생의 대부분을 복음주의자로서 도시 선교사로 보냈다는 사실을 잊은 듯하다. 나는 그들의 염려를 매우 감사하게 생각하지만, 그들이 왜 나의 진지한 신앙심 부족이 명백히 나의 책임이라고 생각하는지 종종 의아해진다. 만약 기독교가 사실이고, 하늘에 정말로 하나님이 계시다면, 비난받아야 할 분은 바로 그분이다. 사도 바울이 에베소의 신자들에게 말하지 않았던가.

> 너희는 그 은혜에 의하여 믿음으로 말미암아 구원을 받았으니 이것은 너희에게서 난 것이 아니요 하나님의 선물이라. 행위에서 난 것이 아니니 이는 누구든지 자랑하지 못하게 함이라(엡 2:8-9).

그렇다. 바울에 따르면 우리 중 누구도 스스로 구원으로,

86

혹은 구원을 받기 위한 초자연적인 믿음으로 걸어 들어가지
않는다. 간단명료하다. 그 믿음은 하나님의 선물이다. 만약
내 사랑하는 그리스도인 친구들, 나를 염려해서 계속 손을
내미는 분들, 그리고 특히 여전히 믿고 계신 내 부모님이
간청해야 할 대상이 있다면, 그 대상은 내가 아니라
하나님이라는 의미다.

나를 염려하는 그리스도인들과 많은 대화를 나누면서,
나는 이 점을 분명히 말했다. 만약 내가 다시 하나님이
실재하심을 믿을 수만 있다면, 나는 현대판 탕자처럼 기꺼이
원래 자리로 돌아가서 예수님을 따르고 그의 사랑을 영원히
노래할 것이다. 나를 확신시키는 데 어떤 증거가 필요할지에
대해 나름대로 한두 가지 생각이 있지만, 솔직히 나는
성령님이 보시기에 적당한 것이라면 무엇에든 열려 있다.
하지만 그런 일이 일어날 때까지는, 우리 모두의 경우와
마찬가지로, 내 믿음은 내 손을 떠나 있다. 내가 지금 할
수 있는 유일한 일은 나에게 우주에서 가장 중요한 진실로
보이는 것에 진실하게 반응하는 것뿐이다. 즉, 우주에
초자연적인 힘이란 존재하지 않으므로,

지금 이 삶이

우리가 가진

유일한 삶이라는

것이다.

아들의 불신 앞에서:
아버지가 스스로에게 던진 질문들

토니 캠폴로

바트가 자신이 신앙을 잃은 것에 대해 증언하는 것을 읽거나 들을 때마다, 나의 첫 번째 반응은 나 자신을 탓하는 것이다. 바트가 중년의 가장이었을 때 신앙을 떠났다는 점을 고려하면 그것이 이치에 맞지 않다는 것을 알지만, 그래도 어쩔 수가 없다. 수십 년간 사역을 하는 동안, 나는 성인이 된 자녀가 이런저런 이유로 기독교를 거부한 수많은 그리스도인 부모들과 이야기하고 편지를 주고받았는데, 그들 대부분이 나와 똑같이 느끼고 있었다. 당신도 상상할 수 있겠지만, 내 사랑하는 아들이 잘 알려진 복음주의 지도자로서 내 발자취를 따르고 있었을 때는 그런 사람들을 위로하고 격려하기가 훨씬 더 쉬웠다. 하지만 이제 그가 세간의 이목을 끄는 인본주의자가 된 지금, 나는 바트가 신앙에서 돌아선 것이 주로 내 결정이 아닌 그가 내린 결정들의 결과라는 점을 끊임없이 상기해야만 한다.

물론, 그가 앞 장에서 설득력 있게 표현했듯이, 바트는 문제를 그런 식으로 보지는 않는다. 많은 세속적 인본주의자들처럼, 그도 자신이 신앙에서 돌아선 것을 주로 하나님이 자신에게 '나타나서' 스스로를 알리지 못하시는 탓으로 돌린다. 놀랄 것도 없이, 나는 신자로서 그리고 사회과학자로서 그의 의견에 동의하지 않는다. 내가 한번 설명해 보겠다.

대학 교수로서 나는 늘 '종교 사회학'이라는 과목을 가르쳐 왔는데, 그 내용에는 항상 피터 버거(Peter Berger)와 토마스 루크만(Thomas Luckmann)의 설득력 있는 주장이 포함된다. 그들의 주장에 따르면 개인들이 믿는 것과 믿지 않는 것은 그들에게 가장 중요한 개인, 집단, 기관에 의해 합리적이라고 확인되는 것에 크게 좌우된다. 버거와 루크만은 그들의 책 《실재의 사회적 구성 *The Social Construction of Reality*》(1967)에서 이 현상이 단지 아동의 사회화에만 적용되는 것이 아니라, 특히 종교적 신념이 그들을 둘러싼 사회의 일반적 신념과 크게 다른 성인들에게도 적용된다고 말한다. 실제로, 버거와 루크만은 개인이 지배 문화와 반대되는 신념을 유지할 수 있는 유일한 방법은 구성원들이 정기적으로 만나 서로의 믿음을 확인하고 강화하며 외부의 반대 영향을 차단하는 긴밀한 집단 안에 속하는 것이라고 말한다. 그들은 이렇게 어떤 믿음이 자연스럽고 당연하게 느껴지도록 지탱해 주는 사회적 조건의 총체를 '타당성 구조'라고 부른다. 그런 집단 안에서는, 지배 사회의 구성원들에게는 터무니없어 보일 수 있는 신념들조차도 완전히 타당한 것으로 수용되고, 많은 경우 거의 자명한 것으로 여겨진다고 그들은 지적한다.

교회 수련회에서 일주일을 보낸 그리스도인이라면 누구나 타당성 구조가 어떻게 작동하는지 이미 알고 있다. 그런 수련회는 지배 문화와 정반대되는 강력한 대안적 사회 현실을 만드는 것이 얼마나 쉬운지를 완벽하게 보여 준다. 나는 교회 차량에 몸을 싣고 도시를 벗어나 숲속의 아름다운 캠프장에 갔던 날을 생생하게 기억한다. 그곳에서 내 교회 친구들과 나는 우리가 즉시 환영받는다고 느끼게 해 준 매력적이고 열정적인 상담사들을 만났다. 곧바로 우리는 휴대용 라디오나 텔레비전, 오늘날이라면 노트북이나 휴대폰 같은 것들이 허용되지 않는다는 말을 들었다. 다시 말해, 외부 세계와의 모든 접촉은 신속하게 차단되었다.

그 주 내내, 우리는 아주 비슷한 배경을 가진 다른 젊은이들과 집중적인 교제의 시간을 가졌다. 우리는 함께 먹고 자고, 함께 하이킹하고 놀고, 함께 성경을 공부하고 기도했다. 매일 밤 우리 상담사들은 세상적인 즐거움에서 벗어나 제자도의 더 큰 기쁨을 누리는 것에 대해 감동적인 강연을 했다. 그리고 수련회 마지막 밤에는 항상 캠프파이어 모임이 있었다. 그곳에서 우리는 〈쿰바야〉를 일고여덟 절 불렀고, 지도자 중 한 명이 우리 캠프 참가자들에게 그리스도께 삶을 헌신(또는 재헌신)하라고 요청했다. 그때쯤이면, 우리들 대부분은 영적인 분위기에 완전히 사로잡혀 있었으므로 주저하지 않았다. 우리가 앞으로 나아가 예수님을 영원히 따르기로 헌신(또는 재헌신)할 때 동료들이 응원해 줄 것을 알았기 때문이다.

그 젊은 시절의 결정들 중 많은 것들이 평생 효력을 발휘한다. 전임 사역자들과 이야기할 때, 나는 자주 "저는 수련회에서 예수님을 따르기로 결심했습니다"라는 말을 듣는다. 물론, 대체로 세속적인 지배 문화 속에서 그러한 결심이 지속되려면, 반복되고 강화되어야 한다. 우리 목회자들은 그 과정을 후속 프로그램이나 제자 훈련이라고 부르지만, 버거와 루크만은 단순히 우리가 취약한 신자들에게 하나님을 계속 믿고, 예수님을 주님과 구원자로 신뢰하며, 성령으로부터 위로와 인도를 받는 것이 옳고 전적으로 합리적이라고 받아들이는 '타당성 구조'를 제공하고 있다고 말할 것이다.

놀랄 것도 없이, 내가 이런 이론을 무신론자나 불가지론자 친구들에게 설명하면, 그들은 보통 미소를 지으며, "맞아! 너의 종교적 신념 체계는 사회적으로 구성된 현실에 불과해"라고 말한다. 마치 그것만으로 그 타당성이 무효화되는 것처럼 말이다. 하지만 그들이 인정하지 못하는 부분은 그들의 세속적 신념 체계 또한 사회적으로 구성된 것이라는 점이다. 좋든 나쁘든, 우리 인간이 모든 중요한 것에 대해, 특히 하나님의 실재에 대해 믿을 수 있는 바는 우리를 둘러싼 가장 중요한 개인, 집단, 기관에 의해 크게 좌우된다.

이 부분에서 나는 타당성 구조가 개인이 믿거나 믿지 않는 것을 결정하는 절대적인 힘이 있다고 말하지 않도록 조심하고 있다. 사실, 타당성 구조는 단지 특정 신념 체계가 존재하고 유지될 수 있는 조건이 될 뿐이다. 불행히도, 우리가 살고 있는 세속 사회는 예수 그리스도의 복음을 위한 타당성 구조를 만들지 않는다. 물론 그것이 복음이 진실이 아니라는 뜻은 아니지만, 그것을 인정하고 긍정하는 신뢰할 만한 친구나 사랑하는 사람들과 정기적으로 교류하지 않고는 그 진리를 붙잡기가 어렵거나 불가능하다는 것을 의미한다.

무엇보다도, 진리가 순전히 이성적인 방식으로 경험적으로 증명되고 이해될 수 있는 것으로만 국한된다고 이해하는 사람에게, 기독교는 완전히 비합리적으로 보일 광범위한 초자연적 실재들을 긍정한다. 예를 들어, 나는 우주를 창조하신 바로 그 하나님이 나중에 성령으로 잉태되어 동정녀에게서 나사렛 예수로 태어나셨고, 인류의 죄를 속죄하기 위해 십자가에 못 박혀 죽으셨다고 믿는다. 나는 더 나아가 그가 지옥에 내려가셨다가 사흘 만에 죽은 자 가운데서 부활하셨고, 그 후에 하늘로 올라가셨으며, 언젠가 세상의 모든 잘못을 바로잡기 위해 다시 오실 것이며, 그의 모든 자녀가 그와 함께 영원히 살게 하실 것이라고 믿는다.

나는 세속주의자에게 그러한 믿음들이 우스꽝스러워 보인다는 것을 알지만, 나의 그리스도인 공동체 안에서는 정반대다. 우리가 복음이 현대 과학과 조화되지 않는 것을 인식하지 못하는 것이 아니다. 오히려, 처음부터 우리는 그 사실을 기쁘게 받아들여 왔다. 성서학자들은 최근 1세기 교회의 신자들이 지배적인 로마-헬레니즘 문화에 동화되는 것에 저항하고 영적으로 새롭게 되기 위해 매일 아침 모였다는 기록을 발견했는데, 조금도 놀랍지 않다. 바울이 고린도의 그리스도인들에게 이미 말하지 않았는가.

십자가의 도가 멸망하는 자들에게는 미련한 것이요 구원을 받는 우리에게는 하나님의 능력이라. 기록된 바 내가 지혜 있는 자들의 지혜를 멸하고 총명한 자들의 총명을 폐하리라 하였으니 지혜 있는 자가 어디 있느냐 선비가 어디 있느냐 이 세대에 변론가가 어디 있느냐 하나님께서 이 세상의 지혜를 미련하게 하신 것이 아니냐(고전 1:18-20).

하나님의 어리석음이 사람보다 지혜롭고 하나님의 약하심이 사람보다 강하니라. 형제들아 너희를 부르심을 보라. 육체를 따라 지혜로운 자가 많지 아니하며 능한 자가 많지 아니하며 문벌 좋은 자가 많지 아니하도다(고전 1:25-26).

너희는 하나님으로부터 나서 그리스도 예수 안에 있고 예수는 하나님으로부터 나와서 우리에게 지혜와 의로움과 거룩함과 구원함이 되셨으니 기록된 바 자랑하는 자는 주 안에서 자랑하라 함과 같게 하려 함이라(고전 1:30-31).

분명히, 바울은 복음이 **의도적으로** 순전히 이성으로만 이해하기는 불가능하도록 제시되었다고 말한다. 그래서 아무도 자신의 구원을 기적적인 선물이 아니라고 생각할 수 없도록 하셨다는 것이다. 다른 말로 하면, 복음은 논리적인 말이나 경험에 의해 완전히 증명될 수 있도록 되어 있지 않다. 그것이 우리 그리스도인들이 복음이 어떻게 작동하는지, 그리고 우리 자신의 삶에서 어떻게 계속 작동해 왔는지를 서로에게 계속 상기시켜야 하는 이유다. 그것이 또한 하나님이 우리를 위해 궁극적인 타당성 구조인 예수 그리스도의 교회를 마련해 놓으신 이유이기도 하다.

나는 바트가 다양한 친교 그룹에 깊이 관여하며 우리의 지배적인 미국 문화의 '지혜'와 지속적으로 모순되는 타당성 구조를 제공받았기에, 여러 해 동안 헌신적인 그리스도인으로 남아 있을 수 있었다고 확신한다. 초기에 바트는 그 모든 청소년 그룹, 선교 프로젝트, 성경 공부 모임, 그리고 그것들 속에서 생겨난 친밀한 교우 관계들 덕분에, 신앙 공동체 바깥의 세속주의자들이 '현실 세계'라고 부르는 곳에 사는 사람들에게는 '어리석어' 보이는, 우리 성경조차도 그렇다고 인정하는, 일련의 믿음을 굳게 붙들 수 있었다. 그런 강렬한 영적 관계와 활동 속에서 그는 하나님의 임재를 정기적으로 그리고 본능적으로 경험했고, 그럴 때마다 기독교 이야기의 전체적 진실이 다시 한 번 확인되었다. 나중에 바트가 전임 복음주의 목사가 되었을 때, 그는 계속해서 복음을 굳게 붙들 수 있게 해 주는 사람들과 기관들에 둘러싸여 있었다.

대학에서 신앙을 거의 잃을 뻔했던 그의 이야기가 좋은 예다. 나는 바트가 제임스 바와 그의 성경 비평과 씨름했던 일과, 바트가 나의 신학적 영웅 중 한 명인 칼 바르트의 도움으로 헤쳐 나갈 길을 찾았을 때 우리가 함께 느꼈던 행복을 생생히 기억한다. 하지만 내가 또한 기억하는 것은 바트의 공부 파트너 역시 아주 헌신적인 그리스도인이었다는 점이다. 바트는 그와 함께, 그리고 그의 여자 친구와 그가 코치를 맡았던 교회 중등부 농구팀의 청소년 지도자와 함께 자주 기도했다. 그런 긴밀한 교제가 없었다면, 그가 성경에 품고 있던 의문들을 해결하는 데 그처럼 강력한 의지를 발휘하지 않았을지도 모른다. 하지만 그는 여전히 하나님의 임재를 확신했기에, 자신의 질문에 대한 진정한 기독교적 답변을 발견할 때까지 계속 찾았다.

나는 바트가 사려 깊은 신자들이 고민해 온 똑같은 문제들과 씨름하는 것을 여러 해 동안 지켜보면서, 내 사랑하는 아들이 궁극적으로 신앙을 잃을 것이라는 걱정을 하지는 않았다. 나는 바트의 신학이 시간에 따라 계속 변할 것을 알았고, 그 변화 중 어떤 것은 그를 나와 다른 방향으로 이끌 수도 있음을 이해했지만, 그것이 나를 괴롭히지는 않았다. 나 역시 그 문제들과 씨름해 왔고, 몇 가지 기본적인 것에 대해서는 과거 어느 때보다도 큰 확신을 가지고 있지만, 나의 신학 역시 여전히 계속 진행 중이기 때문이다. 매일 성경을 읽고 성령님께 인도하심을 구하면서, 나는 예수님을 따른다는 것은 계속해서 내 마음을 바꾸도록 요구하는 일임을 깨닫는다. 내가 가장 좋아하는 범퍼 스티커 문구는 이것이다. "조금만 참아 주세요. 하나님이 아직 작업 중이십니다!"

하지만 바트와 그의 가족이 정기적인 지역 교회 활동과 점차 멀어지는 것을 보면서, 나는 깊이 우려하게 되었다. 물론 나는 그의 변명을 이해했다. 당시에 그는 도심 사역을 위한 기금을 모으고 자원봉사자를 모집하기 위해 전국을 다니며 콘퍼런스와 대학 캠퍼스에서 강연을 하고 있었다. 그렇게 바쁜 것 외에도, 여러 가지 이유로 바트와 그의 아내는 자신들에게 알맞은 교회를 찾기 어려워했다. 그래도 아내와 나는, 특히 아들 내외가 아이를 낳은 후에는, 계속 교회를 찾아보라고 필사적으로 권했다. 그럼에도 불구하고, 가난한 이들을 더 직접적으로 섬기기 위해 신시내티로 이사할 무렵, 젊은 캠폴로 가족은 거의 교회를 다니지 않게 되었다.

신시내티에서 바트와 그의 아내 마티는 내가 생각하기에 예수님이 우리 모두에게 요구하시는 그런 희생적인 삶을 살았다. 편안한 중산층 생활을 버리고 가난한 동네로 이사하여 미국에서 가장 비참하게 소외된 사람들을 돌보았다. 문제 있는 젊은이들을 한 명씩 초대해 집에서 함께 살았고, 궁핍한 가정을 위한 집을 마련하는 데 많은 시간을 쏟았다. 매주 수십 명의 이웃을 초대해 가족 같은 분위기에서 함께 식사했다. 예수님의 이름으로 그런 선한 일을 하고, 계속 전국을 돌며 설교했지만, 내 아들과 그의 가족은 교회 생활과는 더욱더 단절되었다. 물론 그들에게는 여전히 많은 그리스도인 친구들이 있었지만, 정기적인 교제 모임에는 참여하지 않았다.

설상가상으로, 그가 섬기려 했던 사람들 중 다수가 지속적인 폭력, 마약 및 알코올 남용, 역기능적인 가족 관계, 정부 보조금 의존 등의 상태로 자기 파괴적인 삶을 살고 있었기에, 바트는 곧 공개적으로 어떤 사람들은 어떤 식으로도 구원받거나 변화될 수 없다고 주장하기 시작했다. 이런 일이 일어났을 때,

나는 더욱 경각심을 갖게 되었다.

러시아의 실존주의 철학자 니콜라이 베르댜예프(Nikolay Berdyayev)는 누군가가 다른 사람들에게 성장하고 변화하며 고귀하고 가치 있는 일에 참여할 수 있는 능력이 있다고 믿는 것을 멈출 때, 그는 결국 하나님에 대한 믿음도 잃게 된다고 지적한다. 표도르 도스토옙스키(Fyodor Dostoyevsky)의 대작 소설을 인용하며, 베르댜예프는 가장 비천한 사람에게서조차 신적인 임재를 보지 못하는 것이 무신론의 시작이라고 설명한다. 베르댜예프에 따르면, 그 명제의 역도 참이다. 하나님에 대한 믿음을 잃는 것은 사람에 대한 믿음을 잃는 것이다. 가장 큰 계명이 하나님을 사랑하는 것과 우리 이웃을 사랑하는 것을 그처럼 긴밀하게 연결하는 이유도 여기에 있다. 예수님은 우리가 한 쪽이 없으면 다른 한 쪽도 행할 수 없다는 것을 잘 아신다. 사도 요한이 말했듯이, "보는 바 그 형제를 사랑하지 아니하는 자는 보지 못하는 바 하나님을 사랑할 수 없"다(요일 4:20).

자기 동네에서 희망이 없어 보이는 남자들과 여자들에게 다가간 후, 그 사랑의 수고에서 거의 아무런 긍정적인 결과를 보지 못하게 되자, 바트는 그런 사람들을 구원하는 것을 포기하고 단지 그들의 고통 가운데서 그들을 위로하는 것을 자신의 사명으로 규정했다. 내 아들이 문자 그대로 모든 사람이, 어떤 상황에 있든 상관없이, 급진적인 변화의 가능성을 가지고 있다는 것을 더 이상 믿지 않게 되었을 때, 그의 마음속 의심의 씨앗은 완전한 불가지론으로 자라났다.

번듯한 집에 앉아 이런 판단을 내리는 건 누구나 할 수 있다. 나는 도심 사역의 최전선에서 살거나 일한 적이 없으며, 바트가 해마다 겪었던 실망을 견뎌야 했던 적도 없다. 때때로 만약 내가 바트의 입장이었다면 내 신앙이 내 아들만큼 오래 버텼을지 궁금하다. 그럼에도 비록 나의 안전하고 확실한 위치에서이지만, 나는 계속해서 기적을 믿는다. 더 중요한 것은 전 세계 도시들에서 소위 '내버려진' 사람들에게 다가가는 오순절 교회의 마약 재활 사역인 '틴 챌린지(Teen Challenge)'와 같은 사역들을 통해 이루어진 극적이고 긍정적인 변화들을 내 눈으로 직접 보았다는 것이다. 물론, 바트의 후기 사역의 방식과는 대조적으로, 이 사람들은 그들이 '성령의 충만케 하심'이라고 부르는 것에 의지하며, 기도하고, 금식하고, 찬송가를 부르고, 예수 그리스도의 복음을 선포하는 것을 거의 멈추지 않는다.

실제로, 바트의 신앙이 위기에 처했다는 또 다른 경고 신호는 설교에서 분명히 드러났다. 그는 더 이상 사람들을 그리스도와의 인격적인 관계로 초대하려 하지 않았다. 가난하고 억압받는 사람들을 섬기는 데 헌신하도록 젊은이들을 초대하는 일은 훌륭하게 해냈지만, 성령님이 그들의 마음과 생각에 거하시도록 초대해야 한다는 개념은 메시지에서 점점 더 사라지는 듯했다.

대부분은 믿고 생각하는 바가 말하고 행동하는 바를 결정한다고 가정하지만, 우리 설교자들은 그 역도 마찬가지로 진실이라는 것을 금방 배운다. 사실, 내가 강단에서 선포하는 것은 항상 내 세계관에 큰 영향을 미쳤다. 사회학자들은 우리의 말과 행동 사이의 이러한 변증법적 관계를 '실천(praxis)'이라고 부르며, 신앙의 문제에서 그것은 강력한 힘을 발휘한다. 나는 내가 설교에서 하는 말에 나보다 더 큰 확신을 갖게 되거나 더 많이 변화되는 청중은 없음을 삶 속에서 종종 깨닫는다. 실제로, 내가 왜 가난하고 억압받는 사람들을 섬기는 데 그토록 헌신하는가 하는 물음에 대한 진정한 대답은 "내가 항상 그것에 대해 이야기하기 때문"이다. 르네 데카르트(René Descartes)의 유명한 격언을 조금 바꾸어 말하면, "나는 설교한다, 그러므로 나는 존재한다." 그래서 바트가 오직 예수님의 죽음과 부활만이 우리를 죄에서 구원함을 강조하지 않게 되었을 때, 나는 그 동일한 신념이 그의 마음과 생각에서도 빠져나가는 것은 시간문제임을 알았다.

나는 허무주의자는 아니지만, 인간의 자유 의지에 관해서는 장 폴 사르트르(Jean-Paul Sartre)와 프리드리히 니체(Friedrich Nietzsche)의 의견에 거의 동의하는 입장이다. 내가 보기에는 우리가 누구이며 무엇이 되는가는 궁극적으로 우리가 스스로 내리는 일련의 결정들의 결과다. 나는 하나님이 나를 사랑하고 구원하기로 선택하셨기 때문만이 아니라, 내가 그의 말씀을 신뢰하고 그의 뜻을 행하기로 자유롭게 선택했기 때문에 내가 그리스도인으로 존재한다고 생각한다. 우리 인간이 모든 면에서 생물학적으로나 사회적으로 결정된다고 주장하는 세속주의 과학자들과는 반대로, 나는 우리가 자신의 본성과 운명을 결정하는 가장 중요한 선택들을 자유롭게 할 수 있는 자로서의 존엄성을 지닌다고 단언한다.

바트의 경우, 그런 중요한 결정들에는 하나님에 대한 믿음을 계속 붙잡게 했던 강렬한 그리스도인의 교제와 점차 거리를 둔 것, 성령의 능력을 가장 잘 나타내는 개인적 변화에 대한 기대를 포기한 것, 그리고 예수 그리스도의 복음을 공개적으로 선포하기를 그만둔 것 등이 포함된다. 나는 바트가 자신의 가정을 파괴하거나 자신의 인격을 손상시킬 수도 있는 다른 유혹들에 빠지지 않은 것에 감사하지만, 하나님으로부터 멀어지는 운명적인 발걸음을 한 걸음씩 뗀 것에 대한 책임이 그에게 있다고 생각한다. 달리 생각하는 것은 성인인 그의 독립성을 무시하거나 인간으로서 그의 존엄성을 부정하는 일이 될 것이다.

아내와 나는 지금도 우리가 어디서 잘못 나갔는지 물어 보고, 어떤 순간에 너무 많이 말했는지, 아니면 너무 적게 말했는지 우리 자신을 탓한다. 나는 내가 전 세계를 날아다니며 가난한 이들을 섬기는 것에 대해 말하는 대신 집에 머물면서 직접 그런 사람들을 섬김으로써 더 나은 모범을 보였어야 했다고 후회하고, 아내는 만약 우리 아이들이 자라던 시기에 자신이 예수님을 믿고 있었더라면 상황이 얼마나 달라졌을까 생각한다. 하지만 결국 우리는 바트가 30년 이상 하나님을 알고 사랑했으며, 우리가 그 관계를 지지하고 격려하기 위해 최선을 다했다는 점을 계속해서 상기하고 있다. 그리고 물론 우리는 우리의 탕자 아들을 위해 계속 기도한다.

아이러니하게도, 그를 위해 어떻게 기도해야 할지를 우리에게 가르쳐 준 이는 바로 바트다. 지금은 세속주의자이지만, 에베소서 2장에 대한 바트의 주해는 여전히 정확하다. 하나님을 믿는 능력은 우리가 그것을 어떻게 관리하는지와 상관없이

언제나 '하나님으로부터 오는 선물'이다. '다시' 믿는 능력 역시
마찬가지다. 그래서 나는 바트의 마음이 부드러워지거나, 그의
마음이 바뀌거나, 성경을 다시 펴거나, 교회로 돌아오기를 기도
하는 대신, 성령님이 다마스쿠스로 가는 길에서 사울을 압도했
던 것처럼 어떻게든 그를 극적으로 압도하셔서, 그가 지혜로운
자들의 지혜 너머를 볼 수 있도록, 하나님의 어리석음이
그들의 지혜보다 훨씬 더 지혜로움을
볼 수 있게 해 주시기를
기도한다.

신 없이도 선하게 살 수 있는가

신을 떠난 이후의 삶:
세속적 인본주의가 말하는 좋은 삶

바트 캠폴로

B

신앙을 떠난 후 처음 몇 년 동안, 나는 작은 국제 비영리 단체에 소속되어 이스라엘-팔레스타인 분쟁에 대해 미국인들을 교육하는 일을 뒤에서 도왔다. 내가 세속적 인본주의로 옮겨 가고 있다는 사실을 널리 알리지는 않았지만, 그 변화에 대해 충분히 솔직하게 이야기했기에 신앙을 떠난 다른 많은 사람과 어울릴 수 있었다. 어떤 이들은 새로 찾은 자유에 환희를 느꼈지만, 더 많은 이들은 이전에 속했던 정통 신앙의 안락했던 울타리를 벗어나 길을 잃고 외로움을 느낀다고 고백했다. 나는 그들에게 가장 그리운 것이 무엇인지 물었고, 아무도 십계명이나 대위임령, 또는 예수님이 자신들의 죄를 위해 죽었다는 개념을 언급하지

않았다. 결혼 관계의 평등함에 대한 논쟁이나 믿지 않는
사랑하는 사람들이 지옥에 갈지도 모른다는 걱정은 말할
것도 없었다.

신앙을 떠난 그들이 진정으로 그리워한 것은 그 외의
모든 것이었다. 그들은 음악을 그리워했다. 찬양을 함께
부르고 포트럭 저녁 식사를 하던 때를 그리워했다. 매주
친구들을 만나 더 나은 삶을 살도록 서로에게 영감을 주고
힘을 북돋아 주던 것을 그리워했다. 자신들과 같은 가치를
공유하는 다른 가족들과 함께 아이들을 키우던 것을
그리워했다. 어디로 이사를 가든 자신들과 마음이 맞는
사람들을 더 많이 찾을 수 있었던 것을 그리워했다. 다시
말해, 그들은 교회를 그리워했다.

때때로, 내가 대화하던 사람들 중 내 배경을 아는 사람은
나를 곤란하게 만들기도 했다. "바트, 당신은 목사였잖아요.
당신은 그 모든 좋은 것들을 이끌었던 사람이죠. 우리처럼
선하게 살고 싶지만 하나님은 믿지 않는 사람들을 위해
교회를 하나 만들어 보는 게 어때요?"

보라, 세상에는 교회를 공개적으로 조롱하고 제도화된
종교가 모든 것을 망친다고 소리 높여 외치는 분노한
무신론자들이 많이 돌아다니지만, 나는 결코 그들 중 하나가
되지 않을 것이다. 우선, 내 삶을 긍정적으로 만들어 준
많은 신자들에 대한 사랑과 감사가 너무나 크기에, 그들의
공동체와 전통에 대해 무례를 범하고 싶은 마음이 전혀 없다.
더 중요한 것은 무시하고 싶은 마음이 들지 않는다는 점이다.

오히려, 나는 기독교가 인류 역사에서 공동체를 형성하는
데 가장 강력한 힘 중 하나였다고 생각한다. 나는 교회를
쓰레기 취급하고 싶지 않다. 오히려 교회로부터 배우고 싶다.
나는 제도화된 종교를 없애고 싶지 않다. 오히려 하나님
없이 진정으로 선하게 살고 싶은 사람들을 위해, 초자연적인
이야기가 없는 새롭고 개선된 버전의 종교를 개발하는 일을
돕고 싶다.

《나는 휴머니스트입니다 _Good Without God_》는 내가 자전거
사고에서 회복된 직후 읽었던 가장 힘이 되는 책 중 하나다.
하버드대학교 인본주의 채플린인 그렉 엡스타인(Greg
Epstein)이 쓴 그 책은 나에게 세속적 인본주의의 논리와
언어를 소개해 주었을 뿐만 아니라, 내가 직업적인
사역자로서 두 번째 기회를 얻을 수도 있다는 흥미로운
가능성을 열어 주었다. 그렉이 묘사한 젊은이들과의 목회적
만남은 내가 '미션 이어'를 운영할 때 가졌던 만남들과
거의 동일했다. 차이가 있다면, 그는 두 가지 매우 다른
이야기를 중심으로 '사랑의 삶'의 방식을 옹호하고 있었다는
점이다. 그 목회 이야기들을 읽으면서, 나는 개인적으로
그리고 한 운동의 일부로서 사랑의 삶을 사는 방향으로
사람들을 인도하는 것에 대해 내가 배웠던 모든 것이 신앙의
저편에서도 똑같이 유용할 수 있음을 깨달았다. 실제로, 나는
책을 마지막 페이지까지 다 읽자마자 그렉의 번호를 찾아내
전화를 걸었고, 그가 하고 있는 좋은 일을 직접 보러 가도
되는지 물었다.

보스턴에서 무엇을 찾을 것으로 기대했는지는 잘
모르겠지만, 그곳에서 나를 충격에 빠뜨린 것은 그렉의
인본주의 목회 사역과 내가 여러 해 동안 방문했던 수많은
대학의 기독교 캠퍼스 사역 사이의 차이점이 아니라, 오히려
그 믿을 수 없는 유사성이었다. 내가 만난 학생들은 따뜻하고,
친절하고, 열정적이었다. 간사들은 명석하고 똑똑했다.
프로그램은 영감 있는 모임과 강의, 소그룹 토론, 전도 활동,
사교 행사, 그리고 봉사 프로젝트가 혼합된 친숙한 형태였다.
크거나 화려하지는 않았지만, 집처럼 편안하게 느껴졌다.

물론, 내가 전혀 찾지 못한 것은 하나님이나 신앙에
대한 대화였다. 그 대신 내가 엿들은 대화들은 인지 과학,
채식주의, TED 강연에서부터 인종 정치, 다가오는 성소수자
연대 행진, 그리고 가족에게 세속주의자임을 밝히는 것에
이르기까지 모든 것에 관한 내용이었다. 그럼에도 하버드대
인본주의 허브(Humanist Hub)의 전반적인 분위기는 내가 아는
좋은 청년부 모임과 정확히 똑같게 느껴졌다. 그리고 그렉
엡스타인은? 음, 그렉은 나와 많이 닮았고 지금도 그렇다.
우리는 둘 다 대머리이고, 둘 다 말하기를 좋아하며, 둘 다
타고난 공동체 세우기 전문가다. 그가 하는 일을 보면서, 나는
나의 미래를 보았다.

2014년 여름, 그렉의 제안으로 나는 서던캘리포니아
대학교(USC)의 종교·영성 담당 책임자인 바룬 소니(Varun
Soni) 박사에게 연락했다. 하나님을 믿지 않는 사람들을
위한 선교 공동체를 세우는 건에 대해 어떻게 생각하는지

알아보기 위해서였다. 내가 알아채기도 전에, 그는 이미 나를 영입하고 있었다. 소니 박사는 USC가 종교를 특정한 신념 체계로 정의하지 않고, 오히려 삶의 궁극적인 질문에 답하려는 탐구로 정의한다고 설명했다. 우주의 본질은 무엇인가? 우리는 어디에서 왔고 죽으면 어떻게 되는가? 선과 악을 누가 정의하는가? 어떻게 하면 우리 삶이 가장 의미 있게 될 수 있는가? 소니 박사는 캠퍼스에 40명이 넘는 종교 지도자가 있어 다양한 초자연적 종교를 대표하고 있지만, 급속도로 증가하는 세속주의자 인구의 공동체적 필요를 다루는 사람은 아무도 없다고 말했다. 그는 내가 사역 후원금을 직접 모금해야 할 것이라고 주의를 주었지만, USC 최초의 인본주의 채플린이 되는 것은 내가 염두에 둔 종류의 공동체를 조직할 절호의 기회였다. 몇 주 후, 마티와 나는 로스앤젤레스로 향했다.

USC에서 나는 무슨 일을 할까? 실질적으로, 나는 여느 대학교 채플린에게 기대할 법한 것과 같은 일을 한다. 캠퍼스 행사에 참석하고, 수업 시간이나 기숙사 모임에서 강의를 하며, 공동체 모임을 주최하고, 학생들의 친교 모임을 후원하며, 비극이 닥쳤을 때 목회적 돌봄과 위로를 제공하고, 수많은 학생 및 교수들과 일대일로 만나 그들의 영적 성장을 격려하고 지원한다.

만약 마지막 말이 이상하게 들린다면, 그럴 필요 없다. 누군가 하나님을 믿지 않는다고 해서 그들이 초월적인 경험을 하고, 연민을 기르며, 감사를 표현하고, 사랑의 관계와

108

희생적인 봉사를 통해 삶의 의미를 추구하는 데 관심이
없다는 뜻은 아니기 때문이다. 실제로, 최근의 인구 통계적
연구들에 따르면, 자신이 전통 종교에 속했다고 말하는
젊은 성인은 줄어들고 있지만, 사회 평론가들이 '세속적
영성'이라고 부르기 시작한 것에 대한 갈망은 증가하고
있다. 그 굶주린 이들이 내가 초점을 맞추는 청중이다. 여기
USC에서뿐만 아니라 전 세계를 돌며 연설하고, 글을 쓰고,
팟캐스트를 할 때도 마찬가지다. 내가 그들에게 전하는
메시지는 간단하다. 만약 당신이 당신의 가장 고귀한 가치를
완전히 실현하고 싶다면, 당신과 마음이 맞는 사람들을 찾아
함께 뭉쳐야 한다는 것이다. 아무도 고립된 상태에서 선하게
되거나 선하게 남아 있을 수 없다. 우리는 성장을 위해 서로를
도와야 한다.

전통 종교를 비난하고, 정교 분리에 집착하며, 서로가
얼마나 이성적인지를 축하하기 위해 모이는 옛날 방식의
무신론자 클럽을 더 조직하는 것에 대해 말하는 것이 아니다.
만약 그 사람들이 정말로 이성적이라면, 그런 부정적인 접근
방식이 세상을 더 좋게 만드는 데 실패할 수밖에 없음을
명확히 보여 주는 데이터에 더 많은 주의를 기울일 것이라고
생각한다. 세상을 더 선하게 만드는 운동을 조직하는
방법은 지금까지 단 하나뿐이었다. 먼저 당신의 친구들에게
서로 사랑하는 법을 가르쳐야 하고, 그다음에는 그들에게
외부인들을 사랑함으로써 그들을 모임에 끌어들이는 방법을
가르쳐야 한다. 그것이 나의 새로운 이상적 사역이 나의 옛

사역과 거의 동일한 이유다. 다만, 요즘은 사랑이 가장 탁월한 길이라는 것을 사람들에게 확신시키기 위해 이성, 과학, 그리고 상식에 의존한다는 점이 다를 뿐이다.

예를 들어, 어떤 일요일 저녁에 마티와 나는 30-40명의 학생을 초대하여 대가족 스타일의 저녁 식사를 함께한다. 그 이유는 부분적으로 젊은이들이 음식에 몰려들기 때문이고, 또 부분적으로는 함께 식사하는 것이 사람들의 스트레스 수준을 낮추고 연대감을 높인다는 증거가 많기 때문이다. 물론 남학생 사교 클럽 파티에서 술도 같은 효과를 내지만, 그런 식으로 긴장을 푸는 것은 내가 조성하려는 의미 있는 종류의 대화와 관계에 도움이 되지 않는다. 대신, 나는 보통 각 테이블에 몇 가지 질문이 적힌 카드를 놓고, 우리 그룹에서 가장 친절하고 공감 능력이 뛰어난 멤버들이 흩어져서 사교성이 부족한 사람들에게 특별한 주의를 기울이게 한다. 그 후 저녁 식사와 디저트 사이에, 현재의 삶을 최대한 의미 있게 만드는 것에 대한 짧은 강연을 한다. 그리고 접시가 치워진 후에는, 내가 여름 캠프에서 배운 우스꽝스러운 게임 중 하나로 모임을 이끈다. 우리 그룹의 집단적 가치와 공통 언어를 전달하는 데는 '설교'도 중요하다. 그러나 가장 중요한 것은 우리 리더들과 마티와 내가 따뜻한 환영의 분위기를 함께 만들어 내고 사람들이 실제로 서로를 알고 서로를 돌볼 수 있을 만큼 충분히 자주 다시 찾아오게 만드는 것이다.

솔직히, 인본주의 공동체에 새로운 멤버를 모집하고 사람들이 인본주의적 정체성을 선택하는 데 관심과 흥미를

갖게 하는 것은 기독교 전도보다 훨씬 더 쉽다. 이전에는
누군가에게 내 친구들과 내가 선하고 사랑이 많은 그룹임을
확신시키는 데 성공하더라도, 그가 우리와 함께하려면 상당히
거대한 '믿음의 도약'이 필요하다는 것을 깨닫는 순간이
필연적으로 있어야만 했다. 하지만 USC의 세속 공동체의
정식 회원이 되기 위해서는 어떤 신념을 받아들일 필요가
없다. 명확하고 설득력 있는 증거가 없는 것을 믿으라고
요구하지 않는다. 필요한 것은 단 하나, 진정으로 더 나은
사람이 되고자 하는 마음뿐이다.

매주 한 번씩 나는 단순히 캠퍼스를 가로질러 걸으며
대화를 나누고 싶어 하는 사람을 찾는다. 가끔은 그냥
학생 회관에 앉아서 주위 학생들에게 무엇을 공부하고 왜
공부하는지, 그리고 배우고 있는 것에 대해 어떻게 느끼는지
묻는다. 그들은 때때로 나를 정중하게 무시하지만, 보통은
기꺼이 이야기하고, 한결같이 내가 USC에서 무엇을 하는지
묻는다. 내가 '인본주의 채플린'이라고 말하면, 그들은 대체로
"그게 무슨 뜻인가요?"라고 되묻는다. 하나님은 믿지 않지만
진정으로 선한 사람이 되고 세상을 더 나은 곳으로 만들고
싶은 사람이라면 누구든 양육하고 지원하는 일을 한다고
말하면, 그들은 거의 한결같이 활기를 띤다. "저기요, 그게
바로 저예요! 그 모임에 대해 좀 더 알려 주세요. 어떻게
가입하나요?" 당신의 공동체가 신념이 아닌 가치에 관한
공동체라면 사람들의 관심을 끄는 것은 어렵지 않다.

물론, 나는 캠퍼스에서 신자들도 많이 만난다. 때때로

나와 논쟁을 하고 싶어 하는 이들도 있지만, 우리 같은 그룹이 존재한다는 것을 알게 되어 기뻐하는 경우가 더 많다. 특히 내가 다른 누구의 신앙도 훼손하는 데 관심이 없다는 사실을 알고 나면 더더욱. 사실, 내가 만나는 대부분의 그리스도인 학생들은 비록 다른 결론에 도달했더라도, 내 이야기의 적어도 어떤 부분에는 공감한다. 하지만 나는 주로 그들이 자신들의 여정에 대해 이야기하는 것을 그냥 듣는다. 신자들이 행복하게 성장하고 있을 때, 나는 그들이 하고 있는 일을 계속하도록 격려한다. 특히 그들의 가족과 친구들도 신자라면 더더욱. 결국, 내 목표는 기독교를 파괴하는 것이 아니다. 내 목표는 가능한 한 많은 사람이 사랑의 관계, 의미 있는 일, 그리고 끊임없이 깊어지는 경이와 감사의 감각에 자신을 헌신하도록 돕는 것이다. 만약 초자연적인 신앙이 여전히 누군가를 그 방향으로 돕고 있다면, 나는 한 걸음 물러서서 축하한다. 가끔은 신자들이 그들의 전통 안에서 도움을 받을 수 있는 자료를 소개해 주기도 한다.

나의 거대한 적들은 진실한 초자연주의 신자들이나 그들의 전통이 아니라, 인간의 번영을 파괴하겠다고 위협하는 더 어두운 세력들이다. 탐욕, 폭력, 무지, 편협, 굶주림, 외로움, 지루함 같은 것들 말이다. USC 학생들이 자신의 정체성을 세속적 인본주의자로 정립하고 우리의 교제 모임에 참여하게 하는 것은 내 사역의 최종 목표가 아니라, 그저 출발점일 뿐인 이유도 여기에 있다. 내게 세속주의 사역은 주로 신을 믿지 않는 사람들이 자신의 삶에 완전히 헌신하게 하는 것이다.

그렉 엡스타인의 책을 읽으며 나의 인본주의 사역이
시작되었지만, 우르술라 구디너프(Ursula Goodenough)의
경건서 《자연의 신성한 깊이 *The Sacred Depths of Nature*》(1998)를
읽고 비로소 인본주의 사역의 궁극적인 목표를 표현할
말을 찾았다. 구디너프는 생물학자이며, 나처럼 개신교
목사의 자녀로서 사람들이 하나님을 믿든 믿지 않든, 모든
사람에게는 어떤 종류의 종교가 필요하다는 점을 이해하는
사람이다. 그녀는 그것을 이렇게 묘사한다.

결국, 이러한 각 종교들은 인간의 두 가지 근본적인
관심사를 다룬다. 하나는 '세상은 어떻게 이루어져 있는가',
또 하나는 '무엇이 중요한가'. 전자는 우주론 또는 코스모스
형태로 정립된다. 우주가 어떻게 생겨났는지, 인간이 어떻게
생겨났는지, 우리가 죽은 후에 무슨 일이 일어나는지, 악과
비극과 자연 재해의 기원은 무엇인지 등에 관한 것이다.
후자는 도덕 또는 에토스로 나타난다. 유대교의 십계명,
기독교의 산상수훈, 이슬람교의 다섯 기둥, 불교의 계율,
유교의 오륜 등이 그런 것이다. 종교의 역할은 우주론과
도덕을 통합하여 우주적 서사를 아주 풍부하고 설득력 있게
만듦으로써 그것이 낳는 도덕적 이해에 대한 우리의 충성과
헌신을 끌어내는 것이다. 각 문화가 진화함에 따라, 그와
함께 진화하는 종교로부터 고유한 코스모스와 에토스가
나타난다. 최초의 인류로부터 지금에 이르기까지 수십억
명의 우리에게, 우리가 태어난 문화의 종교가 만든 이야기와

의식과 예술은 우리의 정신세계를 잉태한 모태의 중심이
되어 왔다.

인구 증가와 통제되지 않는 기업 권력, 심화되는 경제
불안정, 민족적·정치적 갈등, 만연한 환경 파괴, 그리고
무엇보다 기후 변화는 이제 인간의 복지를 위협하는 전
지구적 문제로 떠올랐다. 이런 상황에서 구디너프는 우리의
다양한 문화적 전통을 무너뜨리지 않으면서도 그 한계를
넘어설 수 있는 새로운 종교적 틀이 필요하다고 말한다. 다시
말해, 전 세계 사람들이 함께 공유할 수 있는 종교를 모색할
때가 되었다는 것이다.

그녀의 관점에서 그 프로젝트의 첫 번째 부분, 즉 전 세계
사람들이 함께 공유할 수 있는 코스모스를 확립하는 과정은
쉬워야 한다.

세계가 실제로 어떠한지는 이미 정해져 있다. 자연에 대한
우리의 과학적 설명, 다시 말해 '진화의 대서사시'가 바로
그것이다. 빅뱅, 별과 행성의 탄생, 이 행성에서 생명의
기원과 진화, 인간 의식의 출현과 그에 따른 문화의 형성.
이 모든 과정을 아우르는 이 이야기는 우리를 하나로 묶을
수 있는 유일한 서사다. 그것이 감동적이어서가 아니라,
사실이기 때문이다.

그러나 그 잠재력을 실현하기 위해서는 그 코스모스가

114

진정으로 종교적인 반응을 불러일으키는 따뜻하고 공감이
가는 방식으로 표현되어야 한다. 다시 말해, 우리는 자연에
대한, 특히 그 안에서 우리의 역할에 대한 우리의 과학적
이해를 아주 명확하고, 아주 아름답고, 아주 열정적으로
이야기하는 법을 배워야 한다. 그래서 구디너프가 말했듯이,
"우리 모두는 우리가 존재한다는 사실 자체에 숙연한 감사의
감정을 느끼고, 생명이 작동하는 방식에 대한 경외심을
나누며, 생명이 계속 이어져야만 한다는 심오하고 복잡한
사명을 깨닫게" 되어야만 한다.

이것이 내가 세속주의 운동이 아직 제 역할을 다하지
못했다고 생각하는 부분이다. 우리에게는 세상에 이제껏
존재했던 이야기 중 가장 훌륭하고, 가장 장엄하며, 가장
기적적이면서도 아주 믿기 쉬운 이야기가 있지만, 몇 가지
주목할 만한 예외를 제외하고는, 우리는 아직 그것이
노래처럼 울려 퍼지게 만드는 법은커녕 그것을 설교하는
법조차 배우지 못했다. 만약 내 말을 믿기 어렵다면, 주위를
둘러보라. 점점 더 많은 사람들이 어떤 종류의 초자연주의
신앙을 잃고 있지만, 그들 중 극소수만이 온전히 열정적이고,
진정으로 영적인 자연주의자가 되고 있다.

내가 항상 학생들에게 말하듯, 만약 이 삶이 정말 우리가
가진 전부라면, 우리에게 남은 유일한 합리적인 선택은 이
삶을 최대한 의미 있게 사는 것뿐이다. 사랑하는 관계를
부지런히 만들고, 다른 사람들의 삶을 더 낫게 만드는 일을
하며, 이 우주의 경이로움과 무엇보다도 살아 있고 생각할 수

있는 특권에 대해 감사하는 마음을 길러 나가야 한다. 그런
다짐은 나의 그리스도인 시절의 잔재가 아니라, 믿기지 않을
만큼 희박한 확률로 내가 어떻게 존재하게 되었는지, 그리고
내가 죽은 후에 무슨 일이 일어날지, 혹은 일어날 수 있을지에
대한 나의 새로운 깨달음에서 비롯된 진심 어린 반응이다.
결국 나는 자연과 역사를 배우는 학생일 뿐만 아니라, 그
자체의 일부이기도 하다. 그래서 나는 월트 휘트먼(Walt
Whitman)의 이 시를 사랑한다.

오, 나여! 오, 인생이여!
끊임없이 되풀이되는 이 질문들
믿음 없이 살아가는 이들의 저 끝없는 행렬
어리석음으로 가득 찬 도시들
그리고 영원히 스스로를 책망하는 나
(누가 나보다 더 어리석고 믿음이 없을까?)
헛되이 빛을 갈망하는 저 눈빛들,
초라한 목표들, 끝없이 반복되는 몸부림
그 모든 것의 보잘것없는 결과들
내 주위에서 힘겹게 걸어가는 저 추한 군상들
의미 없이 텅 비어 버린 남은 세월들
그것들과 뒤엉켜 있는 나
오, 나여! 슬프게 반복되는 이 질문
이 모든 것들 가운데, 대체 무슨 좋은 것이 있는가?
오 나여! 오 인생이여!

대답.

당신이 지금 여기 있다는 것

삶이, 그리고 나라는 존재가 있다는 것

이 강력한 극은 계속되고 있으며

당신도 한 줄의 대사를 보탤 수 있다는 것

〈오 나여! 오 삶이여!〉,《풀잎 *Leaves of Grass*》(1905)

세속적 인본주의자가 된다는 것은 그 기회를 받아들이고, 자신에게 주어진 한 줄의 대사를 정말 좋은 것으로 만들기 위해 헌신하는 것이다. 이는 죽음 이후의 보상을 위해서가 아니라, 아직 태어나지 않은 이들이 당신이 그들을 위해 만들어 준 세상에서 즐거워하는 모습을 상상하는 순수한 기쁨 때문이다. 그들이 나의 헌신을 알든 모르든.

십 대 시절, 내 가장 가까운 친구들과 나는 디트리히 본회퍼의 기독교 고전《나를 따르라 *The Cost of Discipleship*》(1937)를 읽고 영감을 받았다. 예수님을 따르는 것이 얼마나 대담하고 급진적인 선택인지를 보여 주었기 때문이다. 많은 젊은이들이 그렇듯이, 우리는 안전하고 편안한 삶이 아니라 우리의 모든 것을 바칠 만한 가치가 있는 혁명적인 운동을 찾고 있었다. 본회퍼가 기성 교회의 '값싼 은혜'와 진정한 제자도의 '값비싼 은혜'를 대조했을 때, 우리는 즉시 우리가 원하는 것이 무엇인지를 깨달았다. 내 친구들과 나는 교리적 종교의 진부한 겉치레에는 관심이 없었다. 우리의 관심은 오직 살아 계신 그리스도와의 역동적이고 인격적인 관계, 그리고 그와 함께하는 모든 영웅적인 모험에만 쏠려 있었다. 예수님의 이름으로 세상을 구하는 것, 그것이 우리의 사명이었다.

물론 우리 그룹의 모두가 그렇게 느낀 것은 아니었고, 나와 내 친구들조차도 헌신의 강도가 오르락내리락했다. 하지만 우리를 하나로 묶어 주고 대의를 위해 희생하도록 영감을 준 것은 바로 이 강력한 공동의 사명감이었음은 의심할 여지가 없다. 우리의 기도 모임, 성경 공부, 전도 수련회, 그리고 선교 여행은 단지 재미를 위한 것이 아니었다. 우리는 운동을 만들어 가고 있었고, 그 과정에서 우리 각자는 우리가 공유하는 가치에 대한 자신의 헌신을 끊임없이 다지고 있었다. 우리는 다른 교회들이 진흙탕에 빠져 있으므로 진정한 신자인 우리가 그들에게 길을 보여 주어야 한다고 생각했다.

나는 내 학생들이 바로 그런 방식으로 역사 속에서 자신들의 역할을 깨닫기를 바라고 있다. 한편으로는 그것이 그들의 현재 삶을 긍정적으로 변화시키기 때문이지만, 또한 인류의 운명이 미래 세대를 위해 기꺼이 큰 희생을 감수하려는 그들의 '의지'와 다른 사람들에게도 같은 영감을 불어넣어 줄 그들의 '능력'에 달려 있다고 믿기 때문이다. 결국, 우리를 구원해 줄 존재는 어디에도 없다. 평화와 정의는 우리 인간이 혼돈으로부터 스스로 조각해 내는 것이다. 문명은 결코 당연한 것으로 여겨질 수 없고, 그래서도 안

된다. 만약 우리가 우리의 수많은 문제들을 해결하지 못하면, 결국 그것들이 우리를 압도하여 파괴할 것이다. 그 모든 문제들을 푸는 열쇠는 서로 사랑하는 법을 배우는 것이다. 다시 말해, 하나님을 믿지 않는다는 사실은 냉혹함과 가능성을 동시에 지닌다. 우주에 존재하는 모든 희망과 의미는 우리가 스스로 만들어 내는 것이고, 살아가기 위해 우리는 더 많은 의미와 희망을 만들어 가야 한다.

물론, 내가 내 학생들이 스스로 포용하고 다른 사람과도 나누기를 바라는 '세상을 구하는' 급진적인 삶의 방식은 내가 고등학생 시절 친구들과 공유했던 삶의 방식만큼이나 단순하다. 나는 그들이 상상력을 자극하는 책을 읽고 팟캐스트를 듣고, 서로 나누기를 바란다. 나는 그들이 불의에 분노하고 불의와 싸울 새로운 방법을 찾아내기를 바란다. 나는 그들이 길을 잃거나 외로운 사람들을 찾아내고 그들을 공동체 안으로 데려오기 위해 함께 노력하기를 바란다. 나는 그들이 자연의 장엄함에 대한 경외와 경이를 담은 노래를 짓고, 우리가 그에 화답하도록 이끄는 의례를 만들기를 바란다. 나는 그들이 밤늦도록 깨어 위대한 사상과 사랑에 빠지고, 정말로 중요한 일들을 계속하도록 서로를 격려하기를 바란다. 모든 종교에서 최고의 젊은이들이 늘 그래 왔던 것처럼 말이다. 왜냐하면, 이상하게 들릴지 모르지만, 세속적 인본주의는 실제로 나의 종교이기 때문이다.

아버지의 언어를 사용하자면, 세속적 인본주의는 기독교회와 비슷하게 전 지구적 '타당성 구조'로서 기능할 수

있고, 또 그래야만 한다. 다만, 신앙 대신에 이성을, 그리고
신의 인도 대신에 과학을 그 자리에 둘 뿐이다. 고린도전서
1장에서 내 아버지가 인용한 구절을 상기하며, 하나님을
믿는 우리 형제들이 '하나님의 어리석음'을 적용하는 것처럼
우리는 '세상의 지혜'를 적용해야 한다. 그것은 우리를
최고의 모습으로 빚어 내고, 최고의 일을 하도록 영감을 주고
준비시키는 수많은 지역 공동체를 건설하는 것이다. 그런
일이 일어날 때, 나는 신자들과 세속주의자들 모두가 즐거운
마음으로 깜짝 놀라게 될 것이라고 확신한다. 우리의 소중한
가치를 살아 내는 데 우리의 차이가 얼마나 적은 것인지,
우리가 얼마나 많은 가치를

공유하고 있는지를

확인하게

될 것이기

때문이다.

120

왜 이것으로는 충분하지 않은가:
예수 없는 인본주의의 한계

토니 캠폴로

　　내 아들이 기독교를 떠난 사실은 가슴 아프지만, 그가 변화를 일으키는 공동체를 세우는 일에 계속 헌신하는 것은 자랑스럽다. 또한 그가 나와 내 복음주의자 친구들에게서 배운 사역과 그가 서던캘리포니아대학교 학생들에게 가르치는 것에 분명한 닮은 점들이 있다는 사실에 감사한다. 물론 안도감도 느낀다. 기독교를 떠난 이들 중에 조직화된 영성에 공개적인 적대감을 나타내고, 신앙에 남아 있는 신자 친구들과 가족들을 향해 경멸만을 표하는 사람들을 많이 보아 왔기 때문이다. 그런 분노한 무신론자들의 부모들에게 나는 깊은 연민을 느끼며 위로의 말을 전하고 싶다.

　　하지만 바트와 같은 긍정적인 세속적 인본주의자들의 그

리스도인 부모들에게는 조언하고 싶은 내용이 있다. 자녀들이 당신이 소중히 여기는 하나님 나라의 가치를 반영하는 말이나 행동을 할 때마다 그 기회를 최대한 활용해 그들을 인정하고 격려하라. 그리고 비록 그들은 그렇게 생각하지 않더라도, 당신은 그들의 행동과 하나님의 사랑이 직접적인 관계가 있다고 보고 있음을 알려 주라. 그렇게 함으로써 당신은 자녀들의 선함을 알아차리고 감사하는 한편, 그 선의 궁극적인 근원에 대한 당신의 신앙적 관점을 지키고 있음을 보여 줄 수 있다. 또한 그림 속에 하나님이 빠질 때 무엇을 잃게 되는지에 대해서도 이야기할 기회가 생긴다.

바트의 인본주의 목회 사역의 경우, 내게는 가장 중요한 것, 즉 그가 학생들에게 제시하는 삶의 방식을 지탱해 줄 영원하며 흔들리지 않는 토대가 빠져 있는 것처럼 보인다. 간단히 말하면, 나는 그에게 예수님이 필요하다고 생각한다.

앞에서 언급했던 것처럼, 60년대 중반에 나는 예기치 않게 펜실베이니아대학교 학생들에게 사회학을 가르칠 기회를 얻었다. 강의와 세미나에서 나는 내게 수업의 핵심 질문을 풀어낼 여유를 주지 않고 자신들이 궁금한 질문들을 먼저 다루어야 한다고 요구하는, 똑똑하고 진지한 학생들과 여러 차례 충돌했다. 무엇보다도, 이 세속적인 젊은이들은 인간이 된다는 것이 무엇을 의미하며 어떻게 인간다움을 이룰 수 있는지 알고 싶어 했다. 다른 모든 질문들은 이 주된 질문과 관련이 있었다. 사회 정의를 위한 그들의 외침에는 모든 사람이 자아를 실현할 수 있는 자유로운 세상에 대한 희망이 담겨 있었다. 그들은 심리학

에 관심을 집중하며 자신들의 잠재력을 최대한 계발하고 싶어
했다. 심지어 그들이 환각 물질을 실험한 것조차도 삶을 더 깊
이 느끼고 감사하며 즐길 수 있도록 자신의 인식과 감수성을
확장하고 싶은 욕구에서 비롯된 것이었다.

그러한 격동적인 상황에서, 나는 학생들 마음과 생각 속에
타오르던 질문들에 그리스도인으로서 답하기 위해 내가 믿는
바를 다시 정리해야만 했다. 놀랍게도, 그들 중 일부는 기독교
신앙으로 회심했고, 얼마 지나지 않아 동료 교수들 사이에서
내가 수업 시간을 전도 집회로 만들었다는 불평이 나오기 시작
했다. 돌아보면, 그들의 말이 맞았던 것 같다. 하지만 학생들이
성경이 말하는 바에 강렬한 관심을 가지고 귀 기울이는 것을
보고, 나는 우리가 그리스도의 복음을 부끄러워할 필요가 없다
는 것을 확신하게 되었다. 어느 날, 내가 4학년 세미나에 참여
한 학생들에게 인생을 통해 무엇을 얻고 싶은지 물었을 때, 수
업은 활기가 돌기 시작했다.

"저는 인간이 되고 싶습니다. 온전한 인간 말입니다." 한 학
생이 뜻밖에도 이렇게 답했다. 그리고 갑자기 일어서서 말을
이어 갔는데, 이는 그 세미나의 평소 분위기와는 어울리지 않
는 행동이었다. "우리 모두는 인간이 되고 싶어 합니다." 그가
말했다. "우리는 어떻게 인간이 될 수 있는지 모르고 있고, 지금
까지 이 수업에서 들은 어떤 내용도 이 문제에 관해 실마리를
주지 않았습니다."

"학생이 말하는 '인간'의 의미는 무엇인가?" 내가 물었다.
"인간다움의 특징들이 무엇인지 말해 줄 수 있겠나? 어떤 특성

들이 인간다운 것인지 열거해 보겠나? 자네가 성취하고 싶어 하는 것이 무엇인지 좀 알려 주게. 자네가 인간다움이 무엇을 의미하는지 말해 주지 않으면, 내가 어떻게 인간답게 되는 법을 알려 줄 수 있겠나?"

"아니, 교수님." 그가 말했다. "누구나 인간이 된다는 게 무슨 뜻인지 압니다! 그것은 사랑입니다. 끝까지 사랑하고, 타인의 고통에 민감해지며, 늘 깨어 있고, 깊이 공감하고, 기꺼이 용서하는 태도 말입니다. 더 말할 수도 있지만, 그건 명백한 것을 부연 설명하는 일일 뿐입니다. 여기 있는 모두가 제가 '인간다움'이라고 말할 때 무슨 뜻인지 알고 있고, 교수님도 아십니다."

"알겠네." 내가 말했다. "자네가 말하는 인간다움이 무엇을 뜻하는지는 이해하네. 하지만 조금 더 깊이 들어가 볼 필요는 있겠지. 자네는 사랑에 대해, 공감에 대해, 그리고 용서에 대해 무언가를 알고 있네. 자네가 약간이라도 이런 특성들을 가지고 있다면, 어떻게든 그것들을 얻었을 거야. 그것들을 날 때부터 가지고 태어났을까? 자네의 생물학적 구성의 일부였을까? 자네 인격 속에 이미 있는 그 약간의 인간다움은 어디서 온 것인가? 그것의 근원은 무엇이었나?"

"또 그러시는군요!" 그가 화난 목소리로 답했다. "이 시간은 사회학 시간이고 교수님은 사회학자시잖아요. 제가 가진 인간다움의 자질이 무엇이든 사회화 과정에서 얻어졌다는 걸 아시지 않습니까. 제가 용서할 줄 안다면, 그건 제가 용서하는 사람들과 상호작용하며 그들의 특성을 배우고 닮았기 때문입니다. 제가 삶을 자각하며 살아가고 있다면, 그건 오직 제가 그런

124

방식으로 사는 사람들과 상호작용했기 때문일 겁니다. 교수님은 이런 걸 다 아실 텐데, 대체 무슨 말씀을 하시려는 거죠?”

“내가 하려는 것은…….” 내가 대답했다. “사회학 개론에서 배운 사회화의 간단한 정의로 되돌아가게 하려는 걸세. 교과서에 나온 정의, ‘사회화는 호모 사피엔스가 인간이 되는 과정이다’라는 말을 기억하나? 교수들이 자네에게 설명했을 거야. 만약 자네가 태어나는 순간 모든 인간과 분리되어 숲속에서 늑대에 의해 길러졌다면, 20년 후에 자네는 자네가 그토록 설득력 있게 인간다움의 증거라고 제시한 그 어떤 특성도 갖지 못했을 것이라고 말일세.”

“인간과의 상호작용이 없었다면 자네는 생각을 표현할 언어도 갖지 못했을 걸세. 실재를 이해할 틀 역시 없었을 테고. 자네가 나열한 모든 인간적 특성들이 없었을 거야. 심지어 자기에 대한 의식조차 없을 걸세. 사회적 관계 없이는 자기 인식에 필수적인 성찰 능력을 결코 개발하지 못할 테니까. 자네는 타인의 관점을 받아들임으로써만 자신이 사람으로 존재한다는 것을 의식하게 되네. 요컨대, 다른 인간과의 상호작용 없이는, 사람의 형태는 가졌어도 그 특성들은 아무것도 갖지 못할 걸세. 자네의 인간성은 사회의 선물이지. 자네는 자네를 사회화하는 사람들이 누구인지에 따라 그들과 같은 사람이 되는 걸세.”

“무엇을 증명하시려는 건가요?” 그가 물었다. “사회가 저를 인간으로 만든다는 말씀인가요? 저는 정반대인 것 같습니다. 저는 사회가 저를 비인간화하고 있다고 느낍니다. 사회는 저를 소외되고 사랑받지 못하는 존재로 느끼게 합니다. 저를 사물로 격하시킬 뿐, 인격으로 만들어 주지는 않는 것 같습니다."

나는 그가 복음을 들을 수 있도록 준비시키고 있었다. "보게나." 내가 말했다. "내가 말하려는 것은 인간다움의 특성들은 오직 그 특성을 소유한 사람들과 상호작용함으로써만 얻어진다는 것일세. 만약 자네가 매우 사랑이 많은 사람과 지속적으로 친밀한 관계를 맺는다면, 자네도 사랑이 많아질 걸세. 경험적으로 알고 있지 않은가? 너무나 인간적이어서 그 사람과 함께한 시간이 지나고 나면, 자네의 인간성이 향상되고, 활기를 띠며, 더 높은 수준으로 올라간 것을 느껴 본 적이 있지 않은가? 내가 설명하려는 것은, 자네는 자네 삶의 중요한 타인, 즉 자네가 가장 친밀하게 관계를 맺는 그 사람이 어떤 사람이냐에 따라 꼭 그만큼만 인간다워질 것이라는 점일세."

"그거 끔찍하네요!" 그가 대답했다. "교수님은 지금 제가 온전한 인간이 되고 싶다면, 에이브러햄 매슬로가 요구하는 완전히 실현된 사람이 되고 싶다면, 제가 가진 모든 잠재력을 발휘하고 싶다면, 그 모든 것들을 이미 갖춘 누군가와 관계를 맺어야만 한다고 말씀하시는 거군요. 하지만 그게 말이 되나요? 저는 그런 사람을 아무도 모릅니다. 게다가, 그런 사람이 과연 존재하는지도 의심스러워요. 만약 교수님 말씀이 옳다면, 저는 결코 온전한 인간이 될 수 없겠군요. 제가 관계를 맺을 수 있는 사람 중에는 이런 높은 경지에 도달한 사람이 없으니까요."

그것은 완벽한 준비였고, 내 생각에는 그도 알았던 것 같다. 나는 그가 내가 하려는 말을 예상하고 있었다고 생각한다.

"아니, 있네." 내가 대답했다. "그분의 이름은 예수일세. 신약성경을 읽어 보게. 정직하고 열린 마음으로 읽어 보게나. 특히 복음서를 읽어 보고 예수님이 어떤 분인지 알아보게. 그에 대해 알아보면서 아주 간단한 질문을 해 보게. 예수님은 정말로 충만한 인간성을 소유하고 있는가? 그는 무한히 사랑하고, 끝없이 용서하며, 온전히 공감하고, 그가 사는 세상 사람들에게 깊이 마음을 기울이고 있지 않은가?"

"자네는 2천 년 전에 살았던 사람이 어떻게 자네와 지금 여기서 '인간다움을 배우게 하는 관계'를 맺을 수 있는지 묻고 싶을지도 모르겠네. 하지만 자네는 내 대답을 알고 있지. 자네는 내가 신약성경에 묘사된 예수님이 무덤에서 부활하셨고, 지금 여기에 현존하심을 믿고 있다는 것을 알걸세. 나는 또한 그가 그의 인간다움을 배우고자 하는 소망을 이룰 수 있는 관계로 자네를 초대하신다고 확신하고 있네. 아마 자네는 그가 실제로 존재하지 않는다고 말하고 싶을 걸세. 하지만 나는 그가 실제로 존재한다고 말하고 싶네. 그는 자네와 개인적으로 관계를 맺고 싶어 하시며, 자네가 그를 닮아 가도록 자신을 내어 주기를 원하시네."

놀랍게도, 그와 다른 학생들은 매료되었다. 그들은 모두 지옥에서 자신들을 구원하기 위해 십자가에서 죽으신 예수님에 대해서는 들어 본 적이 있었다. 텔레비전 전도사들로부터 예수님을 믿으면 부자가 되거나 암이 나을지도 모른다는 이야기도 들었다. 하지만 자신들을 인간답게 만드시는 예수님에 대해서는 들어 본 적이 없었다. 수업 시간이 끝났지만 학생들은 대화를 멈추고 싶어 하지 않았다. 그중 한 명이 토론을 계속하자며 모두를 자기 아파트로 초대했고, 나는 집에 전화를 걸어 저녁 식사에 빠진다고 양해를 구한 뒤, 다른 학생들과 함께 그곳으로 갔다.

"보게나." 내가 말을 이었다. "자네가 인간다움의 특성들을 나열하는 것을 들으면서, 자네가 지금 하나님이 어떤 분이신지를 묘사하고 있다고 무언가가 계속해서 나에게 말해 주었네. 하나님은 자네가 얻고 싶다고 말한 모든 특성을 지니신 분이지. 그때 나에게 깨달음이 왔어. 인간다움과 하나님다움은 동일한 것이며 하나라는 깨달음. 자네는 하나님의 형상을 닮기를 원하는 것이고, 예수님이 보여 주셨고 지금도 가지고 계신 모든 특성을 닮고 싶어 하는 거야. 자네가 인간다움이라고 부르는 것은 실제로는 그리스도를 닮은 모습이야."

처음에는 그런 생각이 신성모독이 아닐까 의심했지만, 내가 그 의심을 미처 떨치기도 전에 수많은 성경 구절이 내 의식 속으로 흘러 들어왔다. 요한복음 1장 12절은 우리가 예수 그리스도와 관계를 맺으면 '하나님의 자녀'가 될 것이라고 말한다. 그리고 사도 바울도 로마서 8장 15-17절에 같은 말을 기록했다.

너희는 다시 무서워하는 종의 영을 받지 아니하고 양자의 영을 받았으므로 우리가 아빠 아버지라고 부르짖느니라. 성령이 친히 우리의 영과 더불어 우리가 하나님의 자녀인 것을 증언하시나니 자녀이면 또한 상속자 곧 하나님의 상속자요 그리스도와 함께 한 상속자니 우리가 그와 함께 영광을 받기 위하여 고난도 함께 받아야 할 것이니라.

바울은 예수님을 통해 우리가 예수님처럼 되어, 하나님을 '아빠'라고 부르고, 내 학생들이 인간다움이라고 부른 모든 특성과 자질을 소유할 수 있게 된다고 말하는 것 같다.

학생 중 한 명이 말했다. "만약 하나님다움이 인간다움이고 인간다움이 하나님다움이라면, 예수님에 관해 설명하는 새로운 표현이 필요한 것 같아요. 예수님은 그의 인간다움에도 불구하고 하나님이신 것이 아니라, 그가 온전히 인간이기 **때문에** 하나님이신 것이죠. 제가 어린 시절 주일학교에 다닐 때는, 하나님이 사람이 될 수 있다는 게 이상하게 느껴졌지만, 교수님 말씀을 따르자면, 그것은 세상에서 가장 논리적인 것이네요. 예수님은 온전히 인간이셨기 때문에 하나님이셨고, 하나님이셨기 때문에 온전히 인간이시네요. 예수님 안에서 하나님의 성품이 모두 드러났고, 인간이 되어야 할 모든 모습이 실현되었으며, 이 둘은 동일한 것이며 하나인 것이죠. 예수님은 그가 인간임에도 불구하고 하나님이셨던 것이 아니라, 그가 온전히 인간이었기 때문에 하나님이셨어요. 그리고 그는 이제까지 살았던, 온전히 인간이었던 유일한 존재였고 지금도 그러하시죠."

"정말 그렇네." 내가 맞장구를 쳤다. "우리 각자는 지금 인간이 되어 가는 과정에 있네. 오직 예수님만이 우리가 되고자 열망하는 모습이 충만한 분이시지. 우리가 예수님처럼 될 때, 그것은 '나는 너희와 달라' 하고 자신을 남들 위에 세우는 경건함과는 거리가 멀어. 우리는 '성령의 열매'를 나타내는 사람들이 되는데, 그것은 사실 인간다움의 자질들이야. 성경은 이렇게 말하지. '오직 성령의 열매는 사랑과 희락과 화평과 오래 참음과 자비와 양선과 충성과 온유와 절제니'(갈 5:22-23)."

내 젊은 친구는 이제 열정적으로 토론에 끼어들며, 우리가 함께 발전시켜 나가던 이 신학의 더 많은 의미를 추론하기 위해 열심을 내고 있었다. "우리가 지금 다루는 주제를 따라가다 보니 제가 배워 왔던 것과는 아주 다른 선과 악의 개념으로 이어지네요. 저는 사람이 하나님이 성경에 기록해 둔 규칙들에 순종할 때 선하고, 그 법들에 불순종할 때 악하다고 배워 왔어요. 그런데 지금 우리는 선이란 개인의 인간성을 향상시키는 모든 것이고, 악이란 그것을 감소시키는 모든 것이라고 이야기하고 있어요. 예를 들어, 누군가를 미워하는 것이 악인 이유는 그것이 나의 인간성을 감소시키기 때문이에요. 다른 말로 하면, 그것이 나를 예수님과 덜 닮도록 만드는 것이죠. 반면에, 선은 다른 사람이 더 인간다워지도록 돕는 무언가를 행하고, 그 과정에서 나 자신이 더 인간다워지는 거예요."

"정말 중요한 이야기를 했네!" 내가 맞장구를 쳤다. 갑자기 내가 학생처럼 느껴졌다. "자네가 정리한 방식은 죄가 사회적 상호작용과 결합된 것임을 분명히 표현해 주고 있어. 자네 덕분에 나도 다시금 깨닫게 되는군. 다른 사람을 인간답게 만드는 활동에 참여하지 않고서는 내 안에 있는 인간성을 더 높이 실현할 수 없다는 사실, 그리고 다른 사람들을 비인간적으로 대하는 행동이 결국 내게서 하나님의 형상을 잃게 만든다는 사실 말일세. 만약 우리가 그런 사고방식을 따른다면, 인종차별 같은 것은 어떤 사람들을 인간 이하로 대하게 만들고, 따라서 희생자와 가해자 모두의 인간성을 훼손하기에 잘못된 것이네."

　"자네 덕분에 성에 대해서도 다시 생각해 보게 되네. 나는 늘 성적인 죄란 결혼 관계 밖에서 성욕을 품고 성행위를 하는 것이라고 생각했네. 성행위는 결혼한 배우자와 교회의 규칙 안에서 이루어지면 선하고, 그렇지 않으면 악하다고 여겨 왔지. 이제 나는 남편과 아내 사이의 성행위조차도 어느 한쪽이 사랑받는 대신 비하되거나 대상화되었다고 느낀다면 악하다는 것을 알겠네."

　이 깨달음을 간단히 정리해 보았다. "죄에서 구원받는다는 것은 바로 이런저런 모든 종류의 소외로부터 구출받는 것일세. 궁극적인 인간이신 그분과 인격적인 관계를 맺고, 그분의 모습을 닮아 감으로써 온전히 살아 있음의 황홀경을 즐기는 것이지."

　"그렇다면 저는 구원받고 싶어요." 학생이 말했다. "만약 구원이 온전한 인간이 되는 것을 의미한다면, 저도 원합니다. 제가 어릴 때 배운 종교에서는 구원이란 진노하시는 하나님의 형벌로부터 벗어나는 것이었어요. 그래서 하나님이 사도신경에 동의하지 않는 사람들을 잡으러 다니시는 분이라고 믿게 되었어요. 만약 제가 모든 올바른 것들을 믿고 모든 올바른 질문에 '예'라고 대답하면 천국에 갈 것이고, 그렇지 않으면 지옥에 갈 것이라고 생각했어요. 저는 하나님이 자기를 사랑하지 않는 사람은 누구든 불태워 버리실 것이라고 배웠어요. 지금 교수님은 구원받는 것이 천국이나 지옥에 관한 것이 아니라고 말씀하시는군요. 구원이란 지금 여기에서 인간다워지는 것이고, 내 인간성의 잠재력이 실현되는 과정으로 들어서는 것이군요."

　"죽음 이후의 삶이 없다는 말은 아닐세." 나는 대답했다.

"사실, 죽음 이후의 삶은 인간화에 대한 믿음에서 필수적인 부분이야. 나는 온전히 인간화되는 과정이 우리 각자의 생애 동안에는 끝날 수 없다고 믿네. 하지만 우리는 죽음 후에 예수님과 온전히 연합될 때 온전한 인간이 될 것이라는 희망 속에서 살 수 있네. 온전한 인간이 되는 것이야말로 바로 천국이 의미하는 바일세."

"말씀은 이해가 됩니다. 하지만 한 가지 거대한 문제가 남았어요." 그가 대답했다. "이토록 완전한 인간다움을 보여 주신 예수님과 인격적인 관계를 맺는 것이 어떻게 가능한지 설명해 주셔야 해요. 제발, 그냥 제 마음속에 예수님을 초대하는 짧은 기도를 드리면 된다는 말만은 하지 말아 주세요. 제 존재를 괴롭히는 소외감을 극복하게 해 줄 이 부활하신 예수님을 어떻게 만날 수 있는지, 이해가 되는 말로 설명해 주세요."

나는 단출한 학생 아파트에 놓인 푹신한 적갈색 소파에 등을 기댔다. 벽에 걸린 포스터 속 체 게바라가 나를 내려다보고 있었다. 그도 같은 질문을 하는 것 같았다. 학생들은 간절함 때문인지 내 앞으로 몸을 기울였다. 모든 것이 내 대답에 달려 있었다.

"예수님은 정확히 그분이 말씀하신 장소에서 찾을 수 있네." 내가 학생들에게 말했다. "그분은 우리가 그의 영광을 위해 짓는 성전이나 교회 건물에 머무시지 않는다고 하셨네. 대신, 우리에게 서로 안에서 그를 찾으라고 말씀하셨지. 너희가 나의 성전이니, 나는 너희 안에 머물고 있다고 하셨네. 2천 년 전에 하나님을 육체의 모습으로 나타내셨던 예수님은 우리가 마주치는 모든 사람 안에 신비롭게 현존하시며, 발견되기를 기다리신다네. 우리들 각 사람이 우리가 만나는 사람들에게 예수님을 전할 수 있는 제사장이며, 우리가 만나는 사람들이 우리들 각 사람에게 예수님을 전해 줄 수 있는 제사장이라는 말일세. 우리는 누구나 다른 모든 사람 안에 무언가 신성한 것이 있음을 인식하지 않는가. 우리 안에는 다른 모든 사람이 각각 무한한 가치와 존엄성을 지닌 존재라고 믿게 만드는 무언가가 있네. 보통은 다른 사람들 안에서 마주치는 이 신성한 존재에 굳이 이름을 붙이지 않지. 하지만 그것이 실재하며 존중을 요구한다는 사실을 우리는 알고 있네."

"마르틴 부버(Martin Buber)에 따르면, 사람들에게는 객관적으로 파악할 수 있고 언어로 묘사할 수 있는 특징들 외에도, 초월적 존재로서의 성질이 있네. 그는 다른 사람의 이 신성한 성질을 '너(Thou)'라고 부르지. 부버는 만약 '나'(내 자아의 그런 초월적인 차원)가 '너'와의 친밀한 하나 됨에 자신을 내어 준다면, 소외와 소원함이 극복되고 인간다움이 경험될 것이라고 믿네. 부버는 그러한 관계를 '나-너(I-Thou)'의 관계라고 부르네."

나는 계속했다. "그러한 만남은 우리가 서로 맺는 일상적인 관계에서는 흔하지 않네. 보통 우리는 부버가 '나-그것(I-It)'의 관계라고 부르는 관계를 맺는데, 이 관계에서 다른 사람은 사물이나 대상에 지나지 않네. 그는 학생이거나, 노동자이거나, 민주당원이거나, 장로교인일 뿐이네. '나-그것' 관계에서는 다른 사람을 경외심으로 대하는 것이 아니라, 오히려 특정한 기능을 수행하는 부류를 대표하는 전형으로 격하시켜 버리지. 버스에서 내게 요금을 받는 남자는 단지 버스 기사일 뿐이지. 나의 법률적 문제를 처리하는 여자는 단지 변호사일 뿐이고. 그런 사람들은 그들이 맡은 역할 이상이 아니야. 나는 마치 그들이 대상인 것처럼 그들을 마주하네. 나는 그들에게 공정하고 친절하려고 노력할 수도 있고, 좋은 날에는 서로 정중하게 미소를 지을 수도 있지만, 우리 관계가 더 깊어지지는 않네.”

“반면에, ‘나-너’의 관계는 내게 훨씬 더 많은 것을 주지. 그러한 만남에서는 각 사람이 다른 사람에게 자신을 내어 주고, 둘은 하나가 되네. 시간이 흐른 뒤에야 나는 그 소중하고 멋진 경험이 내 일부가 되었다는 것을 인식하네. 그리고 한참 뒤에야 그것이 ‘나’라는 존재가 일시적으로 온전한 인간성의 황홀한 기쁨을 느꼈던 숭고한 순간이었음을 이해하게 되네.”

“부버는 계속해서 모든 ‘나-너’의 만남 안에는, ‘그것’으로 파악될 수 있는 대상이나 개념으로서가 아니라, 야훼, 즉 ‘영원한 너’이신 하나님이 현존하신다고 말하네. 그는 오직 다른 사람의 신성함 속에서만 알려질 수 있네. 그래서 부활하신 예수는 오직 교제 안에서만 만날 수 있네. 그것이 그가 성경에서 ‘두세 사람이 내 이름으로 모인 곳에는 나도 그들 중에 있느니라’(마 18:20)라고 말씀하신 이유일세. 그것이 성경이 하나님을 사랑한다고 말하면서 형제를 미워하는 사람은 거짓말쟁이라고 말하는 이유이기도 하지. 오직 다른 사람들을 사랑할 때만 우리가 하나님을 경험할 수 있기 때문일세.”

“나는 많은 사람들이 ‘나-너’ 관계를 통해 우리를 인간답게 만드시는 예수님의 능력을 경험했지만, 실제로 무슨 일이 일어나고 있는지 알아차리지 못했다고 믿네. 그들은 예수님을 만났고 그의 사랑으로 변화되었지만, 그가 누구인지를 몰랐어. 예수님은 우리의 유일한 구원자이시지만, 구원받고 있는 모든 사람이 그 사실을 인식하는 것은 아닐세. 실제로, 성경은 심판의 날에 많은 놀라움이 있을 것이라고 말하지. 예수님을 안다고 주장했던 어떤 사람들은 다른 사람들의 필요를 무시한 탓에 외면당할 것이고, 그와 관계가 없다고 생각했던 다른 사람들은 그의 나라로 환영받으며 들어갈 거야. 그는 그들이 굶주린 자를 먹이고, 헐벗은 자를 입히며, 병들고 외로운 자를 돌볼 때마다, 그가 바로 거기에 계셨다고 말씀하실 걸세. 예수님이 '너희가 여기 내 형제 중에 지극히 작은 자 하나에게 한 것이 곧 내게 한 것이니라'(마 25:40)라고 말씀하신 것은 단순히 상징적으로만 말씀하신 것이 아닐세."

내가 말을 마친 후, 긴 침묵이 흘렀다. "저는 못 믿겠어요." 학생 중 한 명이 말했다. "저도요." 다른 학생이 말했다. 마침내, 대화의 대부분을 이끌었던 학생이 내 눈을 똑바로 쳐다보았다. "저도 아직 완전히 설득되지는 않았지만, 생각해 볼게요."

그날 학생들과 헤어진 후, 나는 지금 내가 바트를 위해 하는 기도와 거의 같은 내용으로 그 학생들을 위해 기도했다. 먼저 그들에게 도덕적 선에 대한 그토록 깊은 갈망을 주신 하나님께 감사드렸고, 그다음에는 예수님 없이는 그 갈망이 결코 온전히 채워질 수 없음을 그들이 깨닫게 해달라고 하나님께 간구했다.

나는 또한 세속주의에는 도덕적 의무가 별로 없다는 점을

학생들이 인식하기를 원했다. 표도르 도스토옙스키의 고전 소
설《카라마조프가의 형제들*The Brothers Karamazov*》에서 드미트리
가 말했듯이, 만약 하나님이 없다면, 모든 것이 허용된다. 드미
트리 역시 나처럼, 명확하고 영구적이며 객관적인 도덕적 토대
가 없는 세상에서는 옳고 그름이 전적으로 주관의 문제로 전락
하여, 어떤 사회나 개인이든 자신들의 편의에 따라 선악을 재
정의할 수 있다는 것을 알고 있다. 바트와 동료 세속 인본주의
자들이 선을 추구하는 것에 대해 아무리 많이 이야기하더라도,
그들에게는 그들이 말하는 선에 대한 공통적이고 확고한 사례
가 없으며, 그 사례를 따르는 데 필요한 영적인 힘을 얻을 방법
도 없다. 나는 그들이 알든 모르든, 결국 표류하고 있다고 생각
한다.

아마도 니체의 "미치광이의 우화*Der tolle Mensch*"(1882) 속 미
치광이가 하나님의 '죽음'에 대해 부르짖으며 한 말이 그 점을
가장 잘 표현한 것 같다.

우리는 이제 어디로 가고 있는가? 모든 태양들로부터 멀어지
고 있는가? 영원히 추락하고 있는 것은 아닌가? 뒤로, 옆으로,
앞으로, 모든 방향으로? 위나 아래라는 것이 남아 있기는 한
가? 우리는 무한한 무의 공간을 통과하는 것처럼 길을 잃은
것은 아닌가? 텅 빈 공간의 숨결이 느껴지지 않는가? 더 추워
지지 않았는가? 계속해서 밤이 점점 더 많이 오고 있는 것은
아닌가?

단순하게 들릴지 모르지만, 그 추위를 이겨 낼 더 나은 해독제는 없으며, 찰스 셸던(Charles Sheldon)이 소설《예수님이라면 어떻게 하실까 *In His Steps*》(1896)에서 처음 제기한 질문보다 더 신뢰할 수 있는 도덕적 지침은 없다. 바로, "예수님이라면 어떻게 하셨을까?"라고 묻는 것이다. 하나님의 뜻은 분명히 전 세계의 다른 문화와 종교에도, 그리고 신학자들이 자연 계시라고 부르는 보편적으로 이용 가능한 지혜에도 울려 퍼지고 있지만, 나는 그 뜻이 예수님의 삶과 가르침 안에서 가장 온전히 표현된다고 믿는다. 더 나아가, 나는 오직 그리스도만이

우리들 각자가 자신의 인간적 잠재력을

온전히 실현하도록 도우실 수

있다고 믿는다.

은혜의 어두운 면:
왜 예수는 내게 더 이상 해답이 아니었는가

바트 캠폴로

B 아버지가 펜실베이니아대학교
학생들과 나누었던 대화 이야기를 들으니, 그런 즉각적인
응답과 결단이 항상 복음주의 제자도의 최고 표준이었다는
사실이 떠오른다. 나는 간증, 찬양, 경건 서적이 예수님과의
친밀함을 묘사할 때마다, 그런 경험이 내게 없다는 사실에
너무나 마음이 아팠다. 찬송가 〈저 장미꽃 위의 이슬 I Come to
the Garden Alone〉을 들으며, 나는 예수님이 나와 함께 걷고, 내게
말씀하시며, 내가 그의 소유라고 말해 주시기를 갈망했다.
나는 그가 실재한다고 믿었지만, 몹시 실망스럽게도,
예수님은 결코 나의 친밀한 친구가 아니었다.

가끔은 내 좌절감을 솔직하게 털어놓기도 했지만, 신자들

사이에서 창피한 상황을 모면하기 위해, 나는 내가 예수님과 이미 그런 관계를 맺고 있는 것처럼 말하는 경우가 더 많았다. 그리스도인으로서 여정의 후반부에 이르러서야, 우리 중 얼마나 많은 사람이 안데르센의 동화 〈벌거벗은 임금님〉에 나오는 마을 사람들 같았는지를 깨달았다. 우리는 동료들이 아주 멋진 것을 보고 있다는 두려움 때문에, 때로는 자신을 설득하면서까지 그것을 보는 척했지만, 알고 보니 다른 사람들도 모두 똑같이 그렇게 하고 있었음을 발견하게 된 것이다.

나는 예수님과의 친밀하고 인격적인 관계가 핵심적으로 중요하다는 설교를 수십 년간 들었고 나도 그렇게 설교했지만, 그 말들이 무슨 뜻인지 완전히 이해하지는 못했다. **2천 년이나 전에 살다 죽은 누군가와 어떻게 인격적인 관계를 맺을 수 있단 말인가?** 나는 늘 궁금했다. 설령 예수님이 죽음에서 부활하여 하늘로 올라갔다고 인정하더라도, 하나님의 오른편은 우리가 정말로 서로를 알기에는 너무나 멀어 보였다. **게다가, 내가 매일 관계를 맺어야 하는 대상은 성령님이 아니었던가?**

농담 삼아 하는 이야기가 아니다. 해버퍼드대학과 브라운대학교에서 종교학을 전공했던 4년을 포함해서, 내가 그리스도인이었던 모든 시간 동안, 나는 부활한 예수님과 성령님의 본질적인 차이를 결코 파악하지 못했다. 내가 아무리 노력해도, 삼위일체 교리는 신학적으로나 실제적으로나 항상 나를 피해 갔다. 심지어 내가 하나님의 음성을 들었다고 확신했던 그 초월적 경험의 순간들에도, 나는 삼위 중 어느 분이 말씀하고 계시는지 결코 확신할 수 없었다.

하지만 내 아버지와 복음주의 공동체는 거의 항상 자신들의 신앙을 예수님을 언급하면서 묘사했다. 그들에게 예수님은 언제나 하나님의 궁극적인 표현이었고 지금도 그러하며, 붉은 글씨로 된 예수님의 말씀들은 성경의 참된 의미를 열어 주는 열쇠들이다. 예수님은 주님이며 구원자이시다. 예수님은 길이요 진리요 생명이다. 예수님은 해답이다. 아주 실제적인 의미에서, 그런 종류의 기독교에서는 예수님을 인격적으로 아는 것이 신앙의 전부라 해도 과언이 아니다.

하지만 나에게 예수님은 거의 접근이 불가능한 존재다. 나는 그의 사진을 본 적도, 그의 녹음된 목소리를 들어 본 적도, 그가 말했다고 확실히 말할 수 있는 단 하나의 문장도 읽어 본 적이 없다. 그를 직접 만나 보지도 못했을 뿐 아니라, 그를 직접 만나 본 사람을 알지도 못한다. 세상의 나머지 사람들과 마찬가지로, 내가 의지할 수 있는 것은 그의 삶과 시대에 관한 네 편의 간략하고, 심하게 편집되어 있고, 명백히 편향된 기록들뿐이다. 그 글들의 원본조차도 그가 죽은 지 수십 년이 지나서야 쓰였고, 내용이 서로 완전히 일치하지도 않는다. 나는 그 기록들이 그의 인격을 명확하게 드러낸다고 주장하는 사람들을 많이 알지만, 내가 보기에는 예수님에 대한 성경 기록은 누군가 예수님의 성품을 정말로 안다고 주장하기에는 너무나 개략적이다.

예수님에 대한 중요한 사실들 중 내가 모르는 것들에는 이런 것들이 있다. 그가 훌륭한 목수였는지, 요셉이 자신의 친아버지가 아니라는 사실에 대해 어떻게 느꼈는지, 성적 지향이 어떠했는지, 노예제, 낙태, 정의로운 전쟁에 대해 어떤 관점을 가졌는지, 가장 좋아하던 것이 무엇이었는지, 유머 감각은 어땠는지, 가장 친한 친구는 누구인지, 나사로는 죽음에서 살려 놓고 왜 다른 사람은 살리지 않았는지, 십자가 처형과 부활 사이에 무슨 생각을 했는지, 왜 제자들 중 한 명에게라도 더 확실히 모든 것을 기록하게 하지 않았는지 등등. 진지하게 말하지만, 이런 것에 관해서라면 나는 예수님보다 에이브러햄 링컨이나 마이클 잭슨을 훨씬 더 잘 안다.

어쨌든, 영적인 존재와 친밀하고 인격적인 관계를 맺는다는 생각 자체가 내게는 매우 비현실적으로 느껴진다. 무엇보다도, 그런 관계를 맺는 것은 우리 인간들 사이에서도 아주 어렵지 않은가. 수백만 개의 플라스틱 팔찌가 "예수님이라면 어떻게 하셨을까?"라고 묻지만, 나는 여전히 그 답을 모르겠다. 솔직히 말해, 30년을 함께 살아온 내 아내가 어떤 선택을 할지조차 아직도 다 알지 못하는데 말이다.

그리스도인이었을 때, 나는 그러한 불평에 대해 신적인 영감에 호소함으로써 답했다. 우리가 성령님의 인도를 받지 않는 한, 예수님에 대한 성경 기록을 정말로 이해하거나

해석할 수는 없다고 사람들에게 말하곤 했다. 우리 인간의
지성은 한계와 오류가 있으므로 오직 하나님이 초자연적으로
우리의 의식에 침투하여 진리를 드러내실 때에만 그것을 알
수 있다는 말이었다.

이제 나는 내가 초자연적인 외부의 힘처럼 경험했던
것이 실제로는 나 자신의 뇌 내부에서 일어난 자연적
작용이었다고 생각한다. 물론 그 결론을 뒷받침하는
많은 증거가 있지만, 처음에 나를 그 결론으로 이끈 것은
심리학이나 신경과학이 아니라, 간단한 관찰이었다.
성령의 신적인 인도하심과 문제를 해결할 시간이 2천 년이
넘도록 있었지만, 모든 기독교회와 개인 신자들은 나머지
모든 사람과 다르게 예수님을 보며, 그들 각자는 하나님께
감사하며 자신들이 보는 모습이 가장 뛰어나다고 확신하고
있다.

물론, 그들이 말하는 다양한 모습들은 예수님 자신에
대해서보다는 그들 자신의 가치에 대해 더 많은 것을
드러낸다. 나는 역사적 예수가 실제로 어떤 사람이었고
그가 무엇을 중요하게 생각했는지에 대해 희미한 생각만
가지고 있을 뿐이지만, 어떤 그리스도인이 그를 묘사하는
것을 읽거나 들으면, 그 사람이 실제로 어떤 사람이며 무엇을
중요하게 생각하는지에 대해 많은 것을 알 수 있다.

놀랄 것도 없이, 나는 내 아버지의 예수님을 매우
좋아한다. 그의 위대한 연민뿐만 아니라 사회 정의, 환경에
대한 책임, 여성의 권리 옹호에 대한 그의 오랜 헌신, 그리고

142

최근에 결혼 평등(marriage equality: 성별이나 성적 지향에 상관없이 모든 커플이 동등하게 결혼이 보장하는 권리와 혜택을 누리는 것—옮긴이)을 받아들인 부분은 말할 것도 없다. 물론 마지막 부분은 농담이다. 성소수자 친구들에 대해 마침내 마음을 바꾼 것은 예수님이 아니며, 바뀐 것은 예수님에 대한 아버지의 생각임을 모두가 알기 때문이다.

나도 그리스도인이었을 때 똑같이 했다. 늘 나의 최신 가치와 세상에 대한 이해를 반영하기 위해 예수님에 대한 나의 그림을 반복해서 조정했다. 좋은 소식은 내가 결국 갖게 된 주님의 모습은 문자 그대로 내가 상상할 수 있는 가장 완벽하게 멋진 분이었다는 것이다. 나쁜 소식은 일단 나의 예수님이 단지 나의 이상을 투영한 것에 불과하다는 것을 깨닫게 되었을 때, 그는 내 삶에서 모든 권위를 상실했다는 것이다.

물론, 오늘날의 그리스도인들은 예수님이 지금 여기에서 무엇을 하실지에 대해서는 의견이 다르지만, 그가 2천 년 전에 단 한 번 행하신 영원한 일이 지닌 최고의 중요성에 대해서는 놀랍도록 의견이 통일되어 있다. 실제로, 거의 모든 그리스도인은 십자가가 구원의 기초이며, 십자가가 나타내는 구속의 은혜가 복음의 가장 멋진 부분이라고 믿는다. 확실히 내 아버지는 이런 것들을 믿는다. 아버지가 종종 말하듯이, 십자가 처형이라는 예수님의 완전한 희생과, 죄와 죽음에 대한 결정적 승리인 예수님의 부활이 없이는, 그의 신학의 모든 부분이 무너진다. 사도 바울이 한때 말했듯이, 만약

그리스도가 부활하지 않았다면, 그와 그의 동료 신자들은
모든 사람 중에서 가장 불쌍한 자들이다. 왜냐하면 그들의
믿음은 헛된 것이기 때문이다(고전 15:14, 18).

아버지의 세미나에 참석한 학생들처럼, 불행히도 나
역시 아버지의 예수 이야기를 끝내 납득하지 못했다. 심지어
그것을 받아들였다고 생각했을 때조차, 그 내용의 상당
부분을 속으로는 경멸하고 있었다. 내가 보기에, 사도신경의
핵심 내용, 즉 예수님이 성령으로 잉태되어, 동정녀
마리아에게서 나시고, 본디오 빌라도에게 고난을 받고,
십자가에 못 박혀 죽으시고, 장사되어 지옥에 내려가셨다가,
죽은 자 가운데서 다시 살아나시며, 하늘에 올라 그의
아버지의 오른편에 앉아 계시다는 것은 기쁜 소식과는
정반대인 것 같다. 사실, 내가 보기에 하나님이 인류의 죄를
용서하기 위해 피 흘리는 희생 제사를 요구하신다는 개념은
인류가 이제껏 고안해 낸 교리 중에서 단연코 가장 비통하고,
가장 가슴 아프고, 가장 실망스러운 교리다.

원죄는 복음이 시작되는 장면이 아닌가? 아담과 하와가
문자적 존재이든 은유적 존재이든, 그들의 범죄의 결과로
나머지 우리들 모두가 죄 가운데 잉태되고 태어나, 거룩하신
하나님과 사귈 수 없게 되었다. 우리는 모두 본성적으로
죄인이며, 따라서 스스로를 구원할 능력이 전혀 없고 영원한
저주를 받기에 전적으로 합당하다. 일단 그런 생각에
익숙해지면, 당신은 우리를 위해 마련된 성경적 별명들
중 하나를 고를 수 있다. 더러운 옷, 진노의 자식, 불신자,

불순종의 자녀, 하나님의 원수들 등등.

우리가 우리 자신을 이런 식으로 생각해야 한다는
것, 하물며 우리를 만드신 사랑의 하나님이 그렇게 하셔야
한다는 것은 나로서는 이해가 되지 않는다. 우리가 완벽하지
않거나, 때로는 그다지 선하지 않다는 것은 알겠지만, 그래도
나는 아직 인간성이 한 방울도 남지 않은, 완전히 타락한
사람을 만나 본 적은 없다. 더 중요한 것은 나는 분명히
영원한 저주와는 전혀 어울리지 않는 사람들을 많이 안다는
점이다. 마더 테레사나 넬슨 만델라 같은 거물급 영웅들을
말하는 것이 아니다. 자신의 친구와 가족을 사랑하고
대부분 올바른 일을 하려고 노력하는 평범한 사람들
이야기다. 우리는 모두 그런 사람들을 안다. 우리는 모두
그런 어린아이들도 알고 있다. 그리고 그들이 아무리 심한
잘못을 행하더라도, 우리는 그들 중 단 한 명이라도 지옥에서
불타도록 던져 버리지 않을 것이다. 그렇다면 왜 하나님이
그렇게 하시겠는가?

이것이 아마도 내가 복음주의 기독교에 대해 느끼는
가장 큰 문제일 것이다. 복음주의 기독교는 기이하고 직관에
반하는 자기혐오에 기초하고 있다. 우리에게는 내재적인
선함이나 가치가 전혀 없으며, 단지 인간으로 태어났다는
이유만으로 영원한 형벌을 받아 마땅하다고 주장한다.
실제로, '기쁜 소식'에 따르면, 우리의 유일한 희망은 자격
없는 자에게 베푸시는 하나님의 호의이며, 그 호의는 우리를
대신하여 고난 받고 죽는 희생 제물, '어린양 예수'라는 형태로

우리에게 온다.

설령 우리가 인간으로 태어나 도덕적 완전에 미치지 못한 것에 대해 하나님에게 용서를 받아야 할 필요가 있다고 하더라도, 왜 그 과정에서 누군가가 살해되어야만 하는가? 왜 우리의 은혜로우신 하나님은 예수님이 제자들에게 서로를 용서하라고 가르치신 것처럼, 그렇게 우리를 그저 용서하실 수는 없는가? 다시 말하지만, 이 모든 설정이 말이 되지 않는다. 우리 인간도 늘 서로를 용서하며 지내고 있고, 대부분의 경우 눈에는 눈으로 갚으라고 요구하지도 않는다. 하물며 우리에게 죄지은 자들을 고문하고 죽이려고 하겠는가? 더 나아가 우리는 진짜 범인을 풀어 주는 것을 정당화하기 위해 옆에 있는 무고한 사람을 고문하고 죽이지 않을 것이다. 대체 그것이 무슨 소용이 있겠는가? 무고한 자를 살해하는 것이 어떻게 죄지은 자를 신적인 교제에 더 적합하게 만들 수 있겠는가? 나는 부모의 징계는 쉽게 받아들일 수 있다. 하지만 십자가라는 보복적인 폭력은 받아들이기가 어렵다.

내게는,

그것이야말로 정말로

부도덕한

것이다.

그렇게 쉽게 넘길 수는 없다:

세속주의자는 왜 십자가를 다시 보아야 하는가

토니 캠폴로

내가 학자로 활동하던 시기 막바지에, '이머징 교회(emerging church)'라고 불리는 새로운 신학 운동이 복음주의 신학의 근간을 뒤흔들기 시작했다. 브라이언 맥클라렌(Brian McLaren)이나 토니 존스(Tony Jones) 같은 영향력 있는 저술가들이 '형벌 대속론' 교리에 대해 어려운 질문들을 공개적으로 던졌다. 이 교리는 종교 개혁 시대로 거슬러 올라가, 특히 마르틴 루터와 장 칼뱅의 저작을 통해 개신교의 특징적 교리가 되었으며, 성경적으로도 많은 지지를 받는다. 간단히 요약하면 다음과 같다.

• 모든 인간은 죄인이다.

- 정의롭고 거룩하신 하나님은 죄인인 우리를 죽음으로 벌하셔야만 하고, 또 그렇게 하실 것이다.
- 죄 없는 하나님의 아들 예수님은 갈보리의 십자가에서 우리를 대신하여 죽는 대속물로 자신을 기꺼이 내어 주신다.
- 그리스도가 흘리신 피는 우리를 모든 불의로부터 영원히 깨끗하게 하여, 우리를 천국에 들어갈 수 있게 만든다.

이머징 교회의 많은 지도자들은 하나님이 고대의 이교도 신들처럼 진노를 해소하기 위해 피의 제사를 요구하는 피에 굶주린 신이라는 생각에 혐오감을 느낀다. 그뿐만 아니라, 바트처럼 그들은 정의로운 하나님이라면 결코 죄인을 대신하여 무고한 사람을 벌하지 않으실 것이라고 주장한다. 영국에서는 저명한 복음 전도자 스티브 초크(Steve Chalke)가 한 걸음 더 나아가, 자신의 아들에게 고통스러운 십자가형을 당하도록 요구하는 것은 하나님을 우주적 아동 학대범으로 만드는 것과 다름없다고 선언하여 영국 복음주의 공동체를 충격에 빠뜨렸다.

이러한 지도자들에 대한 나의 대응은 분명했다. 형벌 대속론은 예수님이 십자가에서 우리의 구원을 어떻게 이루셨는지를 설명하는 하나의 설명일 뿐이며, 어떤 한 가지 설명만으로는 십자가의 의미 전체를 담아낼 수 없다는 점을 상기시키는 것이었다. 갈보리에서 일어난 일은 너무나 심오하여 간단한 공식으로 축소될 수 없다. 나는 형벌 대속론을 무조건 거부하지는 않지만, 그 한 바구니에 나의 모든 신학의 계란을 담지는 않는다. 우리가 받은 구원은 그것보다 훨씬 더 영광스럽다. 옛 찬송가는 이렇게 노래한다.

만일 바다를 먹물로 채우고
하늘을 두루마리로 만든다 해도,
땅 위의 풀 줄기마다 붓이 되고
세상 모든 사람이 서기가 된다 해도,
위에 계신 하나님의 사랑을 다 써 내려간다면
바다는 마르고 말 것이다.
하늘 끝에서 끝까지 펼친다 해도
그 두루마리는 그 사랑을 다 담지 못하리.

_〈그 크신 하나님의 사랑 *The Love of God*〉, 프레더릭 레만(Frederick M. Lehman, 1917)

바트도 잘 알고 있지만, 나는 갈보리를 묵상하는 나만의 특별한 방법이 있다. 이 방법은 나로 하여금 영적인 정화를 경험하게 하며, 나를 짓누르는 죄와 죄책감의 짐을 덜어 준다. 거의 매일 밤, 나는 침대에 누워 십자가에 달리신 예수님에게 온전히 집중하여, 감정적으로, 심리적으로, 그리고 영적으로 그분과 연결되려고 노력한다. 그 순간 나는 고난당하시는 그리스도 앞에 나를 내려놓고, 그가 긍휼한 마음으로 내게 다가오시기를 기다린다. 일종의 전이가 일어나고, 나는 내 모든 실패와 내 마음속의 추한 것들을 놓아 보내고, 그가 그것들을 나로부터 끌어내어 자신 속으로 흡수하시도록 기다린다. 십자가에 달리신 예수님은 자석이고, 내 죄는 쇳가루라고 상상한다. 그에게 시공간을 넘어서 모두 끌려 나간다.

나의 이런 생각은 덴마크의 실존주의자 쇠렌 키르케고르(Søren Kierkegaard)의 생각과 아주 유사하다. 그는 한때 십자가 위의 그리스도를 '영원히 십자가에 달리신 분'이라고 말했다. 대부분의 그리스도인들처럼, 키르케고르도 예수님이 온전히 인간이시며 온전히 신이셨음을 이해했다. 예수님은 자신의 **인성 안에서** 특정한 장소와 특정한 시간에 죽으셨다. 하지만 그의 **신성 안에서** 예수님은 역사를 초월하신다. 살바도르 달리(Salvador Dalí)의 위대한 십자가 그림이 암시하듯이, 십자가에 달리신 그리스도는 시간의 직선적 흐름 너머에 계시므로, 우리 삶의 모든 순간에 우리 각 사람에게 다가와 연결되실 수 있다. 우리의 어둠을 가져가시고 자신의 빛을 주시기 위해서다. 성경에 기록된 것처럼, "하나님이 죄를 알지도 못하신 이를 우리를 대신하여 죄로 삼으신 것은 우리로 하여금 그 안에서 하나님의 의가 되게 하려 하심이라"(고후 5:21). 혹은 내 러시아 정교회 친구가 언젠가 말한 것처럼, "십자가 위에서 그는 우리의 모든 것이 되셔서 우리로 하여금 그의 모든 것이 되게 하셨다."

아이러니하게도, 우리의 구원에 대한 이런 설명에 어느 정도 정당성을 제공하는 것은 다름 아닌 알베르트 아인슈타인(Albert Einstein)과 그 유명한 상대성 이론이다.

아인슈타인 물리학이 발전하기 전까지는 모든 장소 모든 상황에서 시간이 정확히 동일한 방식으로 경험될 것이라고 생각되었다. 우주의 어느 곳에라도 의식을 가진 생명체가 존재한다면 그들은 모두가 동일하게 거스를 수 없는 시간의 흐름을 경험할 것이라고 믿었다. 우리는 의식을 가진 생명체가 지구에 있든, 수십억 광년 떨어진 은하계 속 태양계에 있는 어떤 행성에 있든, 시간의 흐름을 동일한 방식으로 경험할 것이라고 생각했다. 하지만 그러한 상식적인 생각은 아인슈타인이 그의 새로운 이론과 증거를 제시했을 때 도전받고 반박되었다.

아인슈타인의 새로운 물리학은 시간이 운동에 따라 상대적이 된다는 것을 밝혔다. 내가 당신에 비해 더 빨리 이동하면, 나의 시간은 당신의 시간에 비해 더 느리게 흐를 것이다. 이렇게 생각해 보자. 만약 내가 로켓을 타고 지구 사람들을 기준으로 초속 20만 킬로미터의 속도로 우주여행을 하고 10년 후에 돌아온다면, 내가 지구로 돌아왔을 때 나는 10년만큼 나이가 들었지만 지구상의 사람을 비롯한 모든 것들이 20년만큼 나이가 들어 있다는 사실을 발견할 것이다. 내가 그 속도로 여행하는 동안, 당신의 시간이 20년 흐르는 동안 나의 시간은 10년만 흐를 것이다. 만약 내가 당신을 기준으로 초속 25만 킬로미터로 여행할 수 있다면, 당신에게 흐르는 천 년의 시간이 나의 시간으로는 단 하루로 압축될 것이다. 그리고 만약 내가 빛의 속도(초속 30만 킬로미터)로 여행할 수 있다면, 인류의 모든 역사뿐 아니라 이 지구의 역사까지도 시간이 흐르지 않는 한 순간, 즉 '영원한 현재'라고 부를 수 있는 순간으로 압축될 것이다.

프린스턴대학교의 물리학 연구소는 원형 가속기를 이용해 수소 원자의 운동 속도가 빨라질 때 그 원자가 어떤 영향을 받느지 살펴보는 실험을 했다. 수소 원자는 초속 약 5만 킬로미터 가까운 속도로 이동했다. 그것은 과학자들이 원자의 맥동률(즉, 전자가 원자핵 주위를 도는 속도)을 관찰할 수 있게 하면서도 그 원자가 이동할 수 있는 최고 속도였다. 원자의 상대 속도가 증가함에 따라 이 맥동률은 느려졌다. 그 원자의 핵 주위의 전자가 도는 속도가 감소한 것이다. 적어도, 이 현상을 관찰하는 과학자들에게는 그렇게 보였다. 만약 원자 자체가 의식을 가졌다면, 그것은 자신이 느려졌다고 인식하지 않고, 대신 과학자의 세계가 빨라졌다고 인식했을 것이다.

시간은 고정된 것이 아니라 움직임에 따라 달라진다. 빛의 속도에 이르면, 사건들이 되돌릴 수 없이 차례로 이어진다는 의미에서의 시간은 더 이상 존재하지 않는다. 그 상태에서는 모든 것이 하나의 영원한 현재 속에 묶인다. 다시 말해, 시간적인 것은 영원한 것 안으로 흡수된다. 이 모든 것을 다 이해하기는 어렵다. 특히 우리처럼 사고의 틀이 아인슈타인적 실재관에 적응되지 않은 사람들에게는 더욱 그렇다. 하지만 현대 천체물리학 분야를 더 많이 읽을수록, '지금'이 영원의 일부이며 영원이 '지금' 경험될 수 있다는 사실을 더욱 확신하게 된다. 나는 내가 지금 마주하는 것이 단순히 죽은 역사의 일부가 되는 것이 아니라, 다른 차원의 존재에 속한 영원한 현재의 일부라고 믿게 되었다.

나는 하나님이 온 우주를 그런 방식으로 이해하신다고 믿는다. 하나님에게는 모든 일이 지금 일어난다. 실제로, 하나님의 자기 묘사인 "나는 스스로 있는 자이니라"(출 3:14)는 바로 그 영원성을 암시한다. 하나님은 결코 과거에 계셨거나 미래에 계실 분이 아니다. 과거와 현재가 모두 하나님의 영원한 현재 속으로 모아지기 때문이다. 그것이 성경이 우리에게 하나님께는 천 년이 하루 같고 하루가 천 년 같다고 말하는 이유다(벤후 3:8). 그리고 그것이 예수께서 "아브라함이 나기 전부터 내가 있느니라"(요 8:58)라고 말씀하실 수 있었던 이유다.

인성 안에서 예수님은 시간을 사건들의 직선적 진행으로 파악하셨지만, 신성 안에서 그리스도는 직선적 시간에 속한 모든 것을 자신의 영원한 현재 속으로 압축하실 수 있었고 지금도 그러하시다. 그러므로 예수 그리스도는 2천 년 전에 십자가에 달리셨을지라도, 시간과 역사 속 모든 개인들과 영원히 동일한 순간에 존재하셨고 지금도 그러하시다. 그것이 바로 내가 매일 밤 그분에게 나를 내어 드릴 때 그분이 나와 연결될 수 있는 이유다. 침대에 누워 있으면, 나는 그분이 시공간을 넘어 나에게 다가오심을 느낀다. 그는 나의 죄와 의심을 흡수하실 뿐만 아니라 그의 의를 내 안에 쏟아부어 주신다. 성경은 영적으로 예수에게 자신을 내어 주는 모든 사람에게 하나님이 예수님을 통해 바로 그 의를 전가하신다고 분명히 밝힌다. 그것은 구원이 그의 부활 이후에 등장한 우리에게만 미치는 것이 아니라, 예수님이 태어나시기 전에 하나님을 신뢰했던 사람들까지 포함할 수 있도록 시간을 거슬러 올라감을 의미한다.

이런 생각들은 분명 나로 하여금 형벌 대속론이 암시하는 하나님의 성품에 의문을 품는 사람들이 제기한 문제들을 넘어서게 해 준다.

이 교리는 성 아우구스티누스에 의해 처음 진술되었고 나중에 성 안셀무스에 의해 더 명료하게 제시되었는데, 우리 신자들에게 그 첫 번째 성금요일에 일어났던 영광스러운 사건들에 대한 귀중한 통찰을 주지만, 사실은 표면을 긁는 데 그치는 것이다. 나는 키르케고르의 기독론과 아인슈타인의 상대성 이론을 결합한 내 생각을 복음주의 신학에 공식적으로 추가하자고 제안하는 것이 아니다. 단지 내 아들 바트처럼 칼뱅과 루터의 전통적 가르침이 신앙에 방해가 된다고 생각하는 사람들의 혹독한 비판에 내가 어떻게 대응하는지를 설명하고 있는 것이다.

물론, 바트가 지적하는 문제들은 개혁주의 신학의 성경 해석들뿐만 아니라, 그가 보기에 성경에 나타나는 많은 과학적 오류들 및 내부 모순들과도 관련이 있다. 많은 회의론자들처럼, 바트는 평평한 지구, 프톨레마이오스적 우주론, 그리고 6일 간의 창조를 암시하는 구약성경 구절들을 길게 열거했고, 거기에 신약성경 내부의 서로 일치하지 않는 다양한 이야기들과 기록의 역사적 신빙성 문제를 추가했다.

그러한 '문제들'에 대한 나의 응답은 간단하다. 사실 그것들은 중요하지 않다는 것이다. 물론, 만약 당신이 성경을 문자적으로 읽으려고 한다면, 그 책에서 실수들과 부정확한 진술들이 보일 것이다. 그러나 그것은 고대의 저자들이 기대했던 독서 방식이 아니며, 수백 년 동안 그리스도인들도 성경을 그렇게 읽어 오지 않았다. 사실, 성경이 문자적으로 전혀 무오하게 진리를 기록한 책이라는 생각은 20세기 초, 소수의 미국 개신교도들이 '근본 원리들'이라는 일련의 소책자를 통해 도입한 비교적 새로운 생각이다. 불행히도, 그 근본주의자들과 그들의 추종자들이 많은 사람들로 하여금 성경을 잘못된 방식으로 읽게 만들었으며, 따라서 많은 회의론자들도 그런 방식으로 성경을 읽고 있다.

내가 보기에, 복음서 저자들은 예수님의 삶의 세부 사항들보다는 그 삶이 드러낸 진실에 더 관심이 있었다. 그들의 선례가 되었던 구약성경의 책들처럼, 그들은 독자들에게 삶의 의미와 목적에 대한 통찰을 주기 위해 신중하게 이야기들을 구성했다. 이런 것 저런 것이 기술된 그대로 실제로 일어났는지 묻는 것은 요점을 놓치는 것이다. 중요한 것은 각각의 기록이 하나하나 정확하고 다른 모든 기록과 일치하는지가 아니다. 중요한 것은 그것들이 집합적으로 하나님의 본성에 대해 무엇을 드러내는가다.

예를 들어, 마태복음은 예수님이 기원전 4년에 태어났다고 말하는 반면, 누가복음은 기원후 6년에 태어났다고 말한다. 회의론자는 그 10년의 불일치가 크리스마스 이야기를 무효화한다고 말할지 모르겠지만, 내게 그러한 사소한 트집은 어리석어 보인다. 생각해 보라. 마태복음과 누가복음을 모두 정경으로 채택한 교부들은 두 복음을 이미 읽고 그 차이를 충분히 인식하고 있었다. 그들은 예수님의 탄생 시기에 대한 기록이 서로 다르고, 마태와 누가가 전하는 족보 또한 전혀 다르다는 사실을 알고 있었다. 그들이 그 기록들을 그대로 둔 이유는 그것이 역사적 사실인지 아닌지를 따지는 것보다 더 중요한 것이 있음을 알았기 때문이다. 그들에게 중요했던 것은 오직 하나, 그 이야기가 진실을 전하는가 하는 점이었다.

성경이 내게 드러내 주는 진리를 찾을 때, 나는 성 이그나티우스가 '렉시오 디비나(*lectio divina*)'라고 부른 방식을 따른다. 나는 매일의 경건 생활에서 성경을 교과서처럼 대하지 않고, 내가 방금 읽은 부분을 주의를 기울여 묵상한다. 나는 성경의 한 구절을 여러 번 되풀이해 읽으며, 하나님이 이 말씀에서 내가 무엇을 얻어야 하는지 보여 주시기를 기도한다. 예수님은 승천하시기 전에 제자들에게, 성령을 보내어 우리에게 모든 것을 가르치고 자신의 말씀을 생각나게 하겠다고 말씀하셨고(요 14:26), 나는 매일 그 약속에 의지한다. 성령의 인도하심에 나를 맡길 때, 진리들이 내가 읽고 있는 말들로부터 나타난다. 그것은 단순히 문자적인 읽기만으로는 얻을 수 없는 훨씬 더 심오한 진리들이다.

솔직히 말해, 만약 바트가 단지 경험적 데이터를 비교하고 대조하는 대신 영적인 실재들을 열린 마음으로 찾으며 나와 같은 방식으로 성경을 읽는다면, 그도 성경이, 그리고 특히 예수님의 이야기가 지금도 진실을 드러낸다는 사실을 발견하게 되리라 생각한다. 그 이야기야말로 세상에 들려진 이야기 중 가장 위대한 이야기다.

신 없는 선함은 어디에서 오는가:
세속적 도덕의 토대

바트 캠폴로

나는 내가 십자가에 대해 제기한 문제들을 피해 가는 아버지의 방식을 존중한다. 그 방식 덕분에 아버지는 하나님 아버지를 인간 도덕의 궁극적인 원천으로, 그리고 예수님을 그 완벽한 모범이자 능력을 부여하는 힘으로 붙들 수 있으니 말이다. 하지만 내가 보기에는, 도덕이야말로 우리 인간이 스스로의 힘으로 더 잘 해낼 수 있는 또 하나의 영역이다. 단지 십계명이 문제가 많다거나, 우리가 애초에 예수님을 제대로 알 수 없다거나, 십자가가 암시하는 부정적인 측면이 아주 끔찍하기 때문만은 아니다. 옳고 그름을 알아내는 문제에 관해서는, 우리는 예수님이 태어나기 오래전부터 훨씬 더 나은 프로그램을 가지고 있었다.

불행히도, 다른 문제에 대해서는 아주 현명하게 말할 줄 아는 세속주의자라 할지라도, 자신의 옳고 그름에 대한 감각이 어디서 오는지 질문을 받으면 갑자기 말문이 막히곤 한다. 나도 때때로 그런 기분을 느끼는데, 하나님 없이 선해질 수 있다는 생각을 도저히 이해하지 못하는 종교적인 사람들에게 내 도덕관을 설명하는 연습을 충분히 했음에도 불구하고 그렇다. 그래도 여건이 허락될 때에는 대체로 다음과 같은 기본적인 설명을 제시한다.

공정하고, 친절하며, 타인을 배려하는 거의 모든 사람이 그렇듯, 개인적으로 나는 말과 행동으로 인간으로서의 기본적 공감 능력을 가르쳐 준 공정하고, 친절하며, 배려심이 깊은 어른들 밑에서 자랐다. 수천 년 동안 여러 곳의 수많은 가정에서 그랬던 것처럼, 내 경우도 그 기본 원칙은 간단히 황금률, 즉 '남에게 대접받고 싶은 대로 남을 대접하라'는 말로 요약할 수 있다. 내가 어렸을 때 성, 마약, 술, 돈, 또는 우상 숭배에 대한 기독교의 가르침을 듣기 오래전부터, 나는 좋은 사람이 된다는 것의 본질이 한편으로는 다른 사람에게 해를 끼치지 않는 것, 다른 한편으로는 그들을 돕기 위해 최선을 다하는 것과 관련이 있음을 이해하게 되었다.

어떤 이들은 황금률 자체가 기독교의 가르침이라고 주장할지 모르지만, 고대 이집트인들은 예수님이 태어나기 5백 년도 더 전에 그것을 기록했고, 중국의 공자, 그리스의 탈레스, 인도의 싯다르타도 마찬가지였다. 그 이후에, (하지만

158

여전히 예수님 이전에) 랍비 힐렐은 성지에서 그의 제자들에게
같은 교훈을 가르쳤고, 황금률의 변형된 형태는 사실상
세계의 다른 모든 위대한 종교에 나타난다. 아이러니하게도,
그런 신앙 전통 중 어느 것도 인간이 서로를 어떻게 대해야
하는지를 알기 위해 어떤 초자연적인 계시가 필요하다고
가정하지 않는다. 도덕에 관한 한, 사실상 모든 사람이
우리에게 정말로 필요한 것은 일상적인 인간의 공감뿐이라는
것을 아는 것 같다.

진부하게 들릴지 모르지만, 일상적인 인간의
공감이야말로 내 부모님과 내 삶의 다른 중요한 성인들이
내 어린 시절 내내, 암묵적으로 그리고 명시적으로 가르쳐
주었던 바로 그것이다. 우선, 이 점은 아무리 강조해도
지나치지 않은데, 내가 말썽을 피웠을 때조차도 아무도 나를
언어적, 정서적, 성적, 또는 신체적으로 학대하지 않았다.
물론 나는 어린 시절에 그러한 트라우마를 겪은 생존자들이
따뜻하고, 배려심 깊으며, 도덕적으로 올바른 어른이 될 수
없다고 말하는 것은 아니다. 하지만 학대, 방치, 유기가 공감
능력의 발달을 복잡하게 만든다는 점은 의심의 여지가 없다.
약점을 용납하지 않고 실수를 용서하지 않는 모든 형태의
권위주의도 마찬가지다.

내 경우 내가 잘못했을 때조차도 확고하게 미리 결정된
규칙에 따라 징계를 받는 경우는 거의 없었다. 대신에
나는 항상 나의 잘못이 다른 사람들에게 끼친 해악에 대해
설명을 들었고, 대부분의 경우에 다른 사람이 어떻게 느끼게

했느냐에 따라 벌을 받거나 보상을 받았다. 나는 끊임없이
다른 사람들을 주목하고, 그들의 입장이 되면 어떤 느낌이
들지 상상해 보라는 말을 들었다. "만약 누군가 너를 그런
식으로 대하면 기분이 어떻겠니?"라는 질문을 수없이 들었다.
우리 가족 안에서 칭찬받을 만한 일이란 맹목적인 순종과는
거의 관련이 없었다. 그것은 모두 우리 주위 사람들, 특히
도움이 필요한 사람들을 사려 깊게 대하고 친절과 존중을
베푸는 일과 관련이 있었다. 당연히, 나도 내 아이들을 그런
방식으로 키우려고 노력했고, 그들도 그들의 아이들을 그렇게
키우기를 바란다.

　　물론, 세상에 있는 최고의 도덕 교육을 모두 동원한다
해도 그 사람의 유전자와 호르몬이 협조하지 않는다면,
근본적으로 그를 공정하고, 친절하며, 배려하는 사람으로
만들 수는 없다. 나는 확실히 유년기에 긍정적인 경험을 많이
했지만, 분명히 나는 배우고, 기억하고, 상상할 수 있는 뇌를
가지고 있었다. 그것이 없었다면 나는 도덕적 선의 결정적인
요소인 공감 능력을 결코 발달시키지 못했을 것이다. 우리
모두는 뇌의 기능 장애나 손상으로 인해 다른 사람과 깊은
애착을 형성하지 못하거나 타인의 감정에 진심으로 공감하지
못하는 아이들을 만나 보았거나, 적어도 그런 아이들에 대해
들어 본 적이 있다. 또한 우리는 그러한 상태가 어떤 비극적인
결과로 이어지는지를 직감적으로 안다. 가족의 도덕적 영향에
감사하는 만큼, 나는 그것을 활용할 수 있는 충분한 정신
건강을 가졌다는 사실에도 똑같이 감사한다.

160

나는 또한 어린 시절을 안정된 환경에서 보낼 수 있는 행운을 누렸다. 그곳에서는 일상생활에서 황금률이 나와 내가 아는 모든 사람에게 완벽하게 잘 통했다. 실제로 내가 의지했던 사람들은 나를 보호하고 부양하기 위해 거짓말을 하거나, 속이거나, 훔치거나, 어떤 종류의 폭력도 사용할 필요가 없었다. 나는 처음부터 비교적 안전하고 따뜻한 환경에서 부족함 없이 자랐다. 내 교회나 동네의 다른 가족들 역시 대체로 나와 비슷한 도덕적 가치와 사회적 특권을 당연하게 여기며 살았다. 그러나 모든 사람이 그렇게 운 좋게 태어나는 것은 아니다.

전 세계 곳곳에는 극심한 가난과 폭력, 불의 속에서 자라며, 살아남기 위해 우리와는 전혀 다른 도덕규범을 배워야 하는 아이들이 있다. 황금률을 '사치'라고 부르고 싶지는 않지만, 그것을 아이들에게 가르치기는커녕 그것을 행해 보거나 심지어 그것에 대해 생각해 볼 여유조차 없는 부모들이 있다는 것을 나는 확실히 알고 있다. 슬프게도, 혼돈이 지배하는 곳에서는 가족을 돌보는 일에 정글의 법칙이 더 잘 통한다. 그래서 아이티 포르토프랭스의 빈민가 길거리에서 자란 아이는 도둑질과 나눔을 바라보는 기준 자체가 달라진다. 그 기준은 내가 나무가 울창한 부유층 거주지에서 배운 기준과는 전혀 다르다.

우리의 도덕성은 가족의 영향만으로 형성되지 않는다. 어린 시절에 접하는 더 넓은 세계의 경험 또한 우리의 도덕성을 형성한다. 나는 이스라엘이 군사적으로 점령한

서안 지구에서 인권 운동가들과 함께 일할 때, 이스라엘
정착민과 팔레스타인 마을 사람들이 돌을 던지면 닿을
거리에 살면서도 완전히 다른 현실 속에서 사는 모습을
아주 똑똑히 보았다. 권력자들이 평화를 지킨다는 명분으로
당신의 친구들을 일상적으로 체포하고 위협할 때 왜
권위를 존중해야 하는가? 이웃들이 당신의 자녀들에게
폭력을 가하겠다고 공개적으로 위협할 때 왜 폭력을
자제해야 하는가? 나는 우리가 성장기에 갈등의 어느
편에서 살았는지가 그러한 질문들에 대한 대답은 물론,
우리가 하나님을 어떻게 이해하고 바라보는지까지도 크게
좌우한다는 사실을 깨달았다.

여기서 이스라엘-팔레스타인 갈등을 언급하는 데는
그럴 만한 이유가 있다. 이는 도덕적 발달이 내 아버지 같은
사회학자들이 사회화라고 부르는 더 큰 과정의 일부임을
상기시키기 위함이다. 즉, 우리 인간은 우리 가족과 이웃뿐만
아니라 우리를 둘러싸고 정의하는 문화적 규범과 가치로부터
자기 자신과 삶을 이해하고 해석하는 법을 배운다. 물론
종교는 어떤 문화에서든 중요한 부분이지만, 언어, 무역, 농업,
결혼, 의학, 기술, 식민주의, 전쟁과 같이 인간이 만들어 낸
다른 모든 것들도 마찬가지다. 각 문화는 저마다 조금씩 다른
도덕규범을 가지고 있으며, 미국 복음주의 기독교를 포함한
그 모든 규범은 시간이 지남에 따라 끊임없이 변한다. 그러니
좋든 나쁘든, 옳고 그름에 대한 나의 이해는 내가 어떻게
양육되었는지 만큼이나 내가 어느 시대에 어느 곳에서

162

태어났는지에 크게 좌우되었다.

하지만 그것은 객관적으로 정당화될 수 있는 어떤 기준에서 나온 것은 아니었다. 솔직히, 나는 그리스도인들이 하나님이라는 절대적인 고정된 도덕적 권위에 근거하지 않은 도덕규범을 어떻게 신뢰할 수 있는지 물을 때마다 어리둥절하다. 그것이 바로 내가 말하려는 요점이다. 아무도 객관적으로 정당화될 수 있거나 신성한 영감을 받았다는 이유로 도덕규범을 신뢰하기로 결정하지 않는다. 사실, 아무도 도덕규범을 신뢰하겠다는 결정을 내리지 않는다. 우리는 우리의 옳고 그름에 대한 이해와 그것들의 기원을 선택하지 않는다. 우리는 어린 시절에 그 모든 것들을 흡수하고, 한참 후에 우리 자신과 서로를 위해 그것들을 합리화할 뿐이다.

전능하신 하나님이 선과 악을 정의한다는 생각은 분명 직관적인 매력이 있지만, 나는 그것을 받아들이기가 몹시 어렵다. 생각해 보라. 강간이나 살인 같은 행위가 단지 하나님이 금지하셨기 때문에 악한 것인가, 아니면 객관적으로 잘못된 것인가? 어쨌든, 도덕이란 정말로 내 행동이 미칠 영향을 숙고하고, 서로 경쟁하는 가치들이 복잡하게 얽힌 상황 속에서 다양한 선택지를 저울질하며, 겸손하게 최선의 결정을 내리는 과정이 아닐까? 내게는 신적인 계명을 맹목적으로 따르는 것이 숙고라는 힘든 작업을 회피하고 내 행동의 의도와 결과에 대한 책임을 회피하는 방법처럼 보인다. 단순한 순종이 신앙인들로 하여금 나쁜 일을 하지

않도록 막을 수는 있겠지만, 그것이 그들이 도덕적으로
선해지는 데 어떻게 도움이 되는지는 잘 모르겠다. 물론,
선함에 대한 당신의 정의가 주어진 상황에서 공정함, 친절함,
배려가 어떤 모습인지 알아내려고 애쓰는 대신, 맹목적으로
신뢰하고 순종하는 것이라면 이야기는 다르겠지만 말이다.

하나님을 도덕의 방정식에 끌어들이는 것은 도덕적
결정에 대한 우리의 근본적인 동기와 관련된 문제도
복잡하게 만든다. 결국, 만약 당신이 단지 하나님의 호의를
얻거나 진노를 피하기 위해 어떤 의지적인 행동을 한다면
그것이 정말로 도덕적인가? 당신은 어떤 사람의 도덕적
인격을 가장 존경하는가? 보상을 얻거나 처벌을 피하기 위해
올바른 일을 하는 사람인가, 아니면 관련된 모든 사람에게
무슨 영향을 끼칠지를 이해하고 행동하거나, 올바른 일을
하는 것 자체에서 만족감을 느끼기 때문에 그 일을 하는
사람인가? 내가 보기에는 선 그 자체만을 위해 행한 것이
아닌 선은 결코 진정한 선이 아닌 것 같다. 다시 말하지만,
개인적인 도덕에 관한 한, 나는 신 없이도 설명 가능한
황금률의 단순함을 훨씬 더 선호한다.

내가 황금률을 좋아하는 또 다른 이유는 찰스 다윈과
그의 동료들 덕분에 그것이 어디서 왔는지 그리고 왜
그것이 인류 역사 내내 여러 문화권에서 그토록 일관되게
나타나는지를 꽤 잘 알게 되었기 때문이다. 실제로, 공감에서
시작된 우리의 도덕적 본능이 자연 선택에 의한 진화의
산물이라는 점에는 의문의 여지가 별로 없다.

164

모든 살아 있는 유기체는 그 물리적 특성을 결정하는
'DNA'라고 불리는 자기 복제 물질을 가지고 있다. 때때로
유기체의 DNA는 자손에게 해롭거나, 중립적이거나, 도움이
되는 변화를 가져오는 자연스러운 돌연변이를 일으킨다. 만약
변화가 해로운 것이라면, 자손이 살아남아 번식할 가능성이
적으므로 그 돌연변이는 결국 사라진다. 하지만 만약 변화가
유익한 것이라면, 자손은 번성하고 더 많은 자손을 낳게
되어 그 돌연변이는 퍼져 나간다. 결국, 오랜 기간에 걸쳐,
원래 유기체는 돌연변이 형태와 비돌연변이 형태로 나뉘어
다른 종으로 분화된다. 이것이 수백만 년이 지난 뒤에 단세포
박테리아에서부터 우리처럼 믿을 수 없을 정도로 복잡한
인간에 이르기까지 이 행성에 이토록 다양한 생명체가
존재하는 이유다.

나는 진화 인류학자는 아니지만, 도덕에 관한 한 역사상
가장 중요한 DNA 돌연변이는 최초의 포유류를 파충류
조상과 갈라놓은 그것임이 틀림없다고 생각한다. 결국,
파충류의 뇌는 배고픔, 체온 조절, 투쟁–도피 공포 반응,
번식 등 생존에 필요한 기본적인 것들을 관리하는 데는
전혀 문제가 없지만, 기억이나 감정을 다루는 능력은 없다.
반면에, 우리 포유류는 그러한 파충류적 본능에 생물학자들이
'변연계'라고 부르는 것을 갖게 되었다. 변연계 덕분에
우리는 감정을 느끼고, 경험을 기억하며, 생존 전략으로서
서로 협력할 수 있다. 하지만 이러한 더 복잡한 뇌가 완전히
발달하는 데는 더 오랜 시간이 걸리기 때문에, 포유류는

태어날 때 스스로를 돌볼 수 없으며, 따라서 어미에게
양육되어야 한다. 진화론적으로 말하면, 바로 이 지점에서
공감이 시작된다. 즉, 자손이 춥거나, 배고프거나, 위험에
처했을 때 알아차리고, 그들을 살리기 위해 그들의 필요에
반응했던 최초의 암컷들이 자연 선택된 것이다.

모성애적 공감이 진화했고 그것이 다른 관계로 빠르게
퍼져 나갔다는 증거는 우리 뇌 속에서 발견되는데, 곧
우리 뇌가 협력 관계와 관련된 옥시토신, 엔도르핀 같은
호르몬들을 생산하고 처리한다는 점이다. 이런 증거는 또한
영장류학자 프란스 드 발(Frans de Waal)의 침팬지와 보노보의
상호작용에서도 나타난다. 그는 인간이 서로를 사랑하고,
두려워하며, 나누고, 훔치고, 원한을 품고, 용서하고,
그리워하며, 궁극적으로 슬퍼하기까지 하는 유일한 동물이
아니라고 지적한다. 많은 사회적 동물들도 마찬가지로
규칙과 금기, 경쟁과 협력, 그리고 사소한 이기심과 진정한
친절이 일상적으로 공존하는, 고도로 구조화된 집단 속에서
살아간다. 그러한 집단에서 나타나는 것이 바로 모든
도덕규범의 가장 기본적인 규칙이다. 즉, 집단을 번성하게
하는 행동은 음식, 성, 지위 같은 혜택으로 보상받는 반면,
집단을 해치는 행동은 폭력이나 추방 같은 즉각적인 처벌을
받는다.

드 발이 제안하듯이, 우리를 인간으로 구별 짓는 것은
우리 뇌의 추가적인 부분, 즉 우리가 추론하고, 논리적으로
생각하며, 시간의 흐름을 인식하고, 우리의 경험을

166

일반화하며, 복잡한 결정을 내리는 전두엽 피질이 나중에
발달했다는 점이다. 우리의 전두엽 피질은 원시적인 도덕적
직관을 황금률과 같은 보편적인 행동 기준들로 확장하고,
그것들을 점점 더 정교한 정당화, 감시, 처벌 시스템과 결합할
수 있게 해 준다. 물론 바로 그 지점에서 종교가 등장한다.
집단이 너무 커져서 이전 방식으로는 가치를 강화할 수 없게
되고, 우리를 통제하기 위해 하늘에서 모든 것을 지켜보는
강력한 초자연적 법 집행자들을 만들어 내야만 할 때다. 드
발이 그의 책 《착한 인류 *The Bonobo and the Atheist*》(2013)에서
말했듯이, "우리에게 도덕을 소개해 준 것은 하나님이
아니었다. 오히려, 그 반대였다. 하나님은 우리가 이렇게
살아야만 한다고 느끼는 방식으로 살도록 돕기 위해 그
자리에 놓였다."

너무 기술적인 이야기로 빠져 미안하다. 내가 정말로
말하고 싶은 것은 인간 도덕에 객관적인 정당화는 없다고
확신한다는 점이다. 옳고 그름에 대한 우리의 깊은 감각은
십계명이나 이슬람의 다섯 기둥, 불교의 팔정도 같은 신적
계시에서 내려온 것이 아니라, 사람들이 살아남기 위해 오랜
시간 서로 상호작용하는 과정에서 자연스럽게 형성되었다고
나는 생각한다. 더욱이, 그 과정은 여전히 진행 중이기에,
나는 인간 도덕이 본질적으로 주관적일 뿐만 아니라, 계속
움직이는 목표이기도 하다고 믿는다. 내가 보기에 변하지
않는 것은 하나뿐이다. 우리는 결국 각자의 집단을 번성하게
하는 것을 도덕적 선으로 규정한다.

만약 내가 옳다면, 다양한 문화의 너무나 많은 규범, 관습, 가치가 서로 유사한 것이 이해가 된다. 전 세계에 동등하게 적용되는 몇 가지 자연 법칙이 있기 때문이다. 거짓말, 살인, 근친상간과 같은 반사회적 행동은 어떤 상황에서도 장기적으로는 누구에게도 이롭지 않으므로, 보편적으로 금지된다.

물론, 만약 집단의 번영이 진정으로 선의 궁극적인 기준이라면, 음식, 물, 성, 육아, 그리고 공동체 생활의 다른 측면에 관한 규칙들이 그들이 발달하는 조건에 따라 집단마다 크게 다를 것이라는 것도 이해가 된다. 그럼에도 불구하고, 그러한 모든 규칙들은 궁극적으로 협력적인 집단이라는 맥락 안에서 일어나는 상호 돌봄과 책임에 뿌리를 두고 있다. 간단히 말해서, 인간 도덕은 근본적으로 인간관계에 관한 것이었고 지금도 그렇다.

그것이 우리가 얼마나 가까운 관계인지에 따라 자연스럽게 다른 사람들에게 다른 수준의 도덕적 의무를 느끼는 이유다. 당신의 직계 가족, 특히 당신의 자녀는 당신의 주된 관심 대상이다. 당신은 당신 부족의 다른 누구보다도 그들을 살뜰히 돌볼 것이고, 당신 나라의 어떤 사람들보다도 당신 부족의 구성원들을 먼저 돌볼 것이며, 당신의 나라를 세상의 나머지 나라들보다 우선할 것이다.

생물학적으로 말하면, 우리 각자는 우리 자신의 안녕이 우리와 가장 가까운 사람들의 안녕과 얽혀 있음을 본능적으로 파악하기 때문에 그런 식으로 충성심을 발휘한다.

168

실제로, 진화의 과정은 우리 자신의 건강과 행복과 우리가
아끼는 사람들의 건강과 행복 사이에서 경계를 종종 흐리게
만들도록 우리에게 훌륭한 준비를 갖추어 주었다. 그것이
우리가 우리의 도덕적 판단의 기초로 삼을 어떤 고정되고
절대적인 신적 권위가 필요 없는 이유다. 옛날부터 내려온
평범한 인간의 공감만으로도 충분하다. 황금률보다 더
구체적인 어떤 계명을 돌에 새기는 것은 이 행성의 상황이
끊임없이 변하고 있다는 사실을 무시하는 것이며, 더
중요하게는 우리 종, 우리의 나라, 우리 공동체, 그리고
무엇보다도

      우리의 자녀를 사려 깊게

            보호해야 할

우리의 자연스러운 책임을

        포기하는 것이

           될 것이다.

3부

죽음 앞에서 드러나는 세계관

그다음에는 무엇이 남는가:
죽음이 던지는 가장 큰 질문

토니 캠폴로

　　　　　　세속주의자에게 모든 것은 일시적이다. 모든 것은 사라진다. 모든 피조물은 죽는다. 영원한 생명은 없으며, 영원한 것은 아무것도 없다. 삶은 순전히 자연적인 현상이며, 생물학적 과정이 마지막에 이르면 죽음은 자연스러운 결과다. 천국도 없고, 지옥도 없으며, 죽음 이후의 삶도 없다. 결국, 아무것도 없다. 물론 이 현실을 직시하기는 어렵고, 오랜 세월 동안 사람들은 그것을 피할 방법을 찾아왔다. 세속주의 사상가에 따르면, 종교는 때때로 자신의 유한성을 마주할 용기가 부족한 사람들이 죽음 이후의 삶에 대한 희망을 얻기 위해 의도적으로 발명하는 것이다. 인본주의자가 보기에 죽음 이후의 삶에 대한 믿음은 막연한 희망에 불과하다. 어떤 이들은 이렇게 단언함으로써 의연한 척하려 들지도 모르지만, 표면 아래에서는 우리 모두가 깊은 두려움과 불안에 시달리고 있다고 나는 믿는다.

젊은이들은 종종 자신들도 언젠가 죽을 것이라는 사실을 마주하기를 거부한다. 그런 점이 죽음에 대해 더 쉽게 이야기하게 해 준다. 나는 세속주의자 학생들이 이생이 전부라고 선언하며 평온해 보이는 모습에 종종 흥미를 느꼈지만, 젊은 대학생들이 자신의 필멸성을 이해하고 자신의 유한성의 의미를 파악하기는 어렵다. 그들에게 죽음은 늙은 사람들에게나 일어나는 일이다. 그런 일은 그들과 그들의 친구들에게는 일어나지 않는다. 논리적으로는 언젠가 자신들도 죽을 것이라는 것을 알지만, 그들은 이 사실과 너무나 동떨어져 살기에 거의 영향을 받지 않는다. 그들은 마치 자신들의 시간이 영원히 지속될 것처럼, 그리고 항상 또 다른 내일이 있을 것처럼 산다. 멈추지 않는 시계를 보면서, 자신들에게는 시간의 끝이 없다고 스스로를 속이기 쉽다. 그런 점에서 우리가 모래시계로 시간을 헤아렸을 때가 더 나았을지도 모른다. 그때는 젊은이들조차도 시간이 다한다는 것을 항상 상기했기 때문이다.

여러 해 전, 실존주의에 관한 강의를 진행했다. 학생들에게 한 사람씩 차례로 자신에게 죽음이 다가온다는 인식이 삶의 방식에 어떤 영향을 미치는지 나누어 달라고 요청했다. 이 수업은 대부분 젊은 학생들로 구성되었지만 중년 여성이 한 명 있었다. 그녀는 마지막까지 기다렸다가 입을 열었고, 다른 학생들에게 부드럽지만 단호하게, 그들이 지금 무슨 말을 하고 있는지 모르고 있다고 말했다.

그녀는 이렇게 말을 이었다. "한 번은 오르간 연주회에 갔는데, 건반 하나가 끼면서 고장이 났어요. 처음에는 거의 알아차리지 못했습니다. 음악이 멈추는 사이사이에만 그 소리가 희미하게 들렸죠. 하지만 연주가 진행될수록, 그 고장 난 음의 소리가 점점 더 커졌고, 마침내 더는 음악을 즐길 수 없게 되었습니다. 그 음 하나가 모든 것을 망쳐 버렸어요."

"그것이 바로 죽음의 현실이 내게 미친 영향과 비슷합니다. 젊었을 때는 다른 생각할 거리가 없을 때만 죽음에 대해 생각했어요. 나의 실존이 잠시 우울한 순간에만 언젠가 내가 죽을지도 모른다는 사실을 성찰하곤 했죠. 하지만 세월이 흐르면서, 죽음에 대한 나의 인식은 점점 뚜렷해졌어요. 멈추는 순간뿐만 아니라 일상적인 활동 속에서도 인식하게 되었죠. 결국 그 인식은 너무나 강력해져서 내가 하는 모든 일과 생각에 스며들었고, 아무것도 즐길 수 없게 만들었습니다."

모두가 침묵에 빠졌다. 그들은 이 여성이 옳다는 것을, 그리고 자신들은 죽음의 힘을 이해하지 못하고 있음을 알았다.

그 학생들과 마찬가지로 세속주의자들은 삶의 저편에는 아무것도 없다고 주장하지만, 때때로 그들은 이 전망을 중립적으로 마주할 수 없다는 사실을 깨닫지 못한다. 그 무(無)는 그들을 향해 달려와 그들이 했던 것과 하고자 했던 모든 일에 대해 심판을 내린다. 그들은 자신들의 고상한 꿈, 위대한 업적, 의미 있는 경험들이 모두 지워질 것임을 안다. 죽음이 다가오면서, 그들은 모든 것에 허무함을 느낀다. 나의 스승 중 한 분이 언젠가 말했듯이, "우리가 새해 전야에 그토록 시끄럽게 떠드는 이유는 우리들 무덤 위로 자라는 잔디의 섬뜩한 소리를 애써 외면하기 위해서다."

마찬가지로, 쇠렌 키르케고르는 인생을 연못에 던져진 매끄럽고 납작한 돌에 비유했다. 그 돌은 물 위를 춤추며 미끄러지다가 운동량이 소진되면 무(無) 안으로 가라앉는다.

실존주의자인 마르틴 하이데거는 세속적 사고방식의 특징인 유한한 실존에 대한 허무주의적 관점에서도 어떤 긍정적인 결과가 생겨날 수 있다고 본다. 하이데거는 기독교가 이 세상의 삶이란 단지 죽음 이후의 더 풍요로운 영생을 위한 전주곡에 불과한 것이라고 암시함으로써 그것을 값싸게 만든다고 주장한다. 만약 그것이 사실이라면, 지상의 실존은 별로 심각하게 받아들일 필요가 없다. 하이데거는 이 믿음이 사람들로 하여금 매일 매 순간의 궁극적인 의미를 깨닫지 못하게 한다고 비난한다. 영생에 대한 기독교 교리는 사람들이 현재의 삶을 충만하게 살아야 한다는 절실함을 감소시킨다. 하이데거에 따르면, 그 교리는 사람들로 하여금 삶에 대해 감사하지 않게 만든다.

그런 감사할 줄 모르는 사람들이 손톤 와일더(Thornton Wilder)의 친숙한 고전 《우리 읍내 *Our Town*》에 등장한다. 이 연극의 주인공인 에밀리 웹은 '살아 있음' 그 자체가 주는 비범하고 독특한 기쁨을 너무 늦게 발견한다. 3막에서, 에밀리가 죽은 후, 무대 감독은 그녀가 자신의 삶 중 하루를 다시 살아 보는 것을 허락한다. 하지만 그녀는 자신이 보게 될 장면을 결코 즐기지 못할 것이라는 경고를 받는다. 그럼에도 그녀는 그 기회를 받아들이고 자신의 열두 번째 생일을 다시 살기로 선택한다. 그러나 가족들이 서로를 너무나 당연하게 여기고 아무런 열정 없이 살아가는 모습을 보는 것은 그녀에게 참을 수 없는 고통이었다. 결국 그녀는 이 모든 것으로부터 벗어나게 해 달라고 애원한다. 마지막으로 한번 세상을 돌아보며, 에밀리는 이렇게 외친다. "오, 땅이여, 그대는 그들이 알기에는 너무나 멋져서 아무도 그대를 인식하지 못하는군요." 그녀는 잠시 말을 멈추고 망설이다가 눈물을 글썽이며 관객에게 묻는다. "살아 있는 동안 삶을 제대로 깨닫는 사람이 있기는 한가요? 매 순간, 그 모든 순간을요?"

하이데거는 사람이 자신의 죽음과 씨름하고 그 결과를 깨닫기 전까지는 삶의 진정한 가치에 걸맞은 방식으로 삶을 온전히 살아 낼 능력이 없다고 믿는다. 오직 죽음을 마주했을 때에만 그들은 온전히 살아 있게 되는데, 오직 죽음을 마주했을 때에만 자신들을 온전히 인간답게 만드는 그 영광스러운 치열함으로 삶을 대하기 때문이다.

나는 하이데거의 경고가 내게 큰 의미가 있음을 인정해야만 한다. 사실, 나는 내가 죽을 때 일어나는 일에 대한 나의 신학을 수정하여, 나의 죽음 이후의 삶에 대한 관점이 지금 여기에서의 내 삶을 더 의미 있게 하는 데 기여하게 만들었다. 아마도 기독교의 '영원한 생명' 교리에 대한 나의 관점은 강의실에서 있었던 또 다른 예시로 가장 잘 설명할 수 있을 것이다.

어느 날 수업에서, 나는 학생들에게 간단한 질문을 던졌다. "여러분은 얼마나 오래 살았습니까?" 학생들은 내가 무슨 말을 하려는지 전혀 감을 잡지 못했고, 내가 그런 사소한 질문으로 시간을 낭비하는 것에 짜증이 난 듯 보였다. 그럼에도 불구하고, 그들은 내게 대답했다. 한 명은 22년을 살았다고 했고, 다른 한 명은 21년이라고 답했다.

"아닙니다." 내가 말했다. "나는 여러분이 얼마나 오래 존재했는지 묻지 않았습니다. 얼마나 오래 살았는지 물었습니다. 사는 것과 존재하는 것은 큰 차이가 있습니다. 여러분은 22년 동안 존재했을지 모르지만, 살아온 순간은 매우 적습니다. 여러분 삶은 온전히 살아 있음을 느꼈던 몇몇 순간들을 제외하면 대부분 의미 없이 흘러갔던 시간으로 가득합니다."

"열두 살 때, 우리 반은 뉴욕으로 견학을 갔습니다. 그곳에서 우리는 엠파이어 스테이트 빌딩 꼭대기에도 올라갔죠. 우리 35명은 그 거대한 건물 꼭대기에 있는 전망대에서 마구 뛰어다녔습니다. 술래잡기를 하고 소리를 지르며 놀았습니다. 모두가 정말 즐거운 시간을 보내고 있었습니다. 그러다가 어떤 이유에서인지 나는 갑자기 걸음을 멈췄습니다. 전망대 난간으로 다가가 그것을 꽉 붙잡고, 내 아래 펼쳐진 맨해튼의 장엄한 전경을 바라보았습니다. 그 장면에 엄청난 집중력으로 몰입했습니다. 내가 경험하는 그 순간을 기억 속에 새겨 넣기 위해 모든 에너지를 쏟아부었죠. 그 순간을 내 마음속에 영원히 간직하고 싶었습니다. 나는 내 앞에 놓인 장면을 마주하며 이전보다 더 예민하게 깨어 있음을 느꼈습니다. 내가 백만 년을 산다고 해도 그 경험은 계속 내 일부로 남아 있을 것입니다. 그 순간은 시간에서 벗어난 영원한 순간이 되었습니다."

"나는 여러분이 그런 순간을 붙잡는 것이 어떤 것인지 알 것이라고 확신합니다. 아마도 연인과 함께 있었을 때일 수도 있습니다. 사랑을 느끼는 황홀함이 그 순간을 너무나 소중하게 만들었고, 여러분은 그것을 영원히 붙잡고 싶었을 것입니다. 여러분과 연인 사이의 분리가 사라지고, 여러분은 영성의 대가들이 묘사하는 특별한 경험만큼이나 충만한 하나 됨을 느꼈을 것입니다. 내가 영원한 순간에 대해 말할 때 무슨 의미인지를 여러분은 압니다. 여러분은 그런 순간들을 살아 봤고, 더 많이 그런 순간을 살기를 갈망합니다. 이제 다시 질문하겠습니다. 여러분은 얼마나 오래 살았습니까?"

강의실에 침묵이 흘렀고, 잠시 후 한 학생이 말했다. "제가 온전히 살아 있었던 순간들을 다 합치면, 아마 1분 정도, 어쩌면 그보다 더 적은 것 같습니다. 저는 별로 오래 살아 보지 못한 것 같네요."

죽음 이후의 삶에 대한 나의 믿음은 내가 죽을 때 내가 이 땅에서 사는 동안 영원하게 만든 모든 순간들을 무덤 저편으로 가져가게 되리라는 것이다. 이것은 매일 매 순간이 궁극적인 의미를 갖는다는 의미다. 모든 순간이 영원한 순간이 될 잠재력을 지니고 있기 때문이다. 모든 인간 경험은 시간을 벗어나 영생의 일부가 될 가능성을 지니고 있다. 나는 삶을 진지하게 받아들이고, 치열하게 살며, 열정적으로 맛보고, 온전히 즐기는 것이 도덕적 의무라고 생각한다. 그렇게 하지 않는 것은 내 삶이 단지 '짚과 나무와 그루터기'에 불과하게 되도록 내버려 두는 것이며, 그러면 내 지상의 시간이 끝날 때 내 삶은 소멸되어 아무것도 남지 않게 될 것이다. 하지만 만약 내가 하이데거가 제안하는 그런 열정을 품고 산다면, 지금의 삶에 온전히 깨어 있어 시간을 헛되이 흘려보내지 않는다면, 죽을 때 그 모든 것이 나와 함께 남을 것이다. 나는 죽음 이후의 삶에서 우리가 저마다 자신이 영원하게 만든 경험들을 자유롭게 나누게 될 것이라고 믿는다. 천국은 영원히 남아 있을 황홀한 순간들을 강렬하게 주고받는 곳이 될 것이다.

나는 이 삶을 내 신학이 가리키는 대로 경험하지 못하게 가로막는 두 가지 요인이 있음을 발견했다. 첫 번째는 죄책감이고, 두 번째는 불안이다. 죄책감은 나를 과거에 얽매이게 한다. 내가 했어야 했던 일들과 하지 말았어야 했던 일들에 주의를 집중시킨다. 죄책감은 내 에너지를 빼앗고, 삶에 대한 열정을 소진시키며, 각 순간의 충만함을 음미하려는 내 욕구를 파괴하는 짐이다. 반면에 불안은 나를 미래에 얽매이게 하여, 미래에 대한 두려움 때문에 현재의 삶을 즐기지 못하게 한다. 과거에 대한 죄책감과 미래에 대한 불안 사이에 갇히면, 현재의 순간을 살아 낼 기운은 하나도 남지 않는다.

사람들을 만날 때, 때때로 그 자리에 있으면서도 마음은 딴 데 가 있을 때가 많다. 몸은 그곳에 있지만, 생각은 다른 시간과 장소를 떠돈다. 그것이 내가 예수를 필요로 하는 이유다.

복음은 예수로 말미암아 내가 죄책감에서 벗어나고, 과거에 붙들려 살지 않아도 된다는 기쁜 소식이다. 단순히 예수가 내 죄를 위해 십자가에서 죽으셨으므로, 내 죄 많은 과거가 나를 옭아맬 것을 두려워할 필요가 없다는 성경적 사실을 언급하는 것이 아니다. 더 중요한 것은, 성경에 선포된 예수는 내가 신비롭게 마주하는 분이며, 내 인격에 침투하여, 내적인 구원을 제공하시는 분이라는 점이다. 내 죄는 용서받고 잊혔으며, 가장 깊은 바다에 묻혀 더는 기억되지 않는다. 회심한 그리스도인들의 간증을 읽다 보면, 그리스도 안에서의 새로운 삶이 죄책감으로부터 놀라운 자유를 가져다 준다는 이야기가 반복해서 등장한다.

하지만 복음에는 기쁜 소식이 더 있다. 예수는 어제의 죄의 영향에서 나를 구원하실 뿐만 아니라, 미래를 마주하기를 꺼리게 만드는 불안에서도 나를 구원하신다. "미래가 무엇을 품고 있는지 모르지만, 누가 미래를 쥐고 있는지 안다"는 상투적인 말이 사실로 인식되면서 갑자기 의미 있게 다가온다. 구원받는다는 것은 예수와의 관계 안에서 죄책감과 불안으로부터 해방되어, 성경이 하나님의 아들딸들에게 약속한 영원의 성품으로 매 순간을 살아가게 되는 것을 뜻한다. 이것이 바로 영생으로 '거듭난다'는 말의 의미다.

오해하지 말라. 우리 각자가 이생에서 얼마나 많은 영원한 순간들을 가져오든, 나는 예수를 개인적인 주님과 구원자로 신뢰하는 모든 사람에게 훨씬 더 멋진 영원이 기다리고 있다고 믿는다. 육체의 부활과 영생의 교리가 과학, 이성, 그리고 경험적 검증을 거스른다는 것을 알지만, 그럼에도 불구하고 나는 그것들이 사실이라고 확신한다. 내가 그것을 증명할 수 없다는 사실이 나와 내 그리스도인 형제자매들이 부활절에 모여 "그리스도께서 부활하셨다! 참으로 부활하셨다!"고 선언하는 것을 막지는 못한다.

바트와 같은 세속적 인본주의자들이 우리의 신념을 의심하는 것은 놀라운 일이 아니지만, 여기 명심해야 할 것이 있다. 실용적인 차원에서 그들은 죽음을 다루는 데 있어서 그다지 좋은 실적을 가지고 있지 않다. 명백한 이유로, 그들은 '존재하지 않음'이라는 실존적 위협에 종종 동반되는 정서적·심리적 고통에 대한 좋은 답을 거의 가지고 있지 않다.

바트는 아마 할아버지 로버트 데이비슨이 죽음의 순간에 그 고통을 훌륭하게 정복했다는 것을 기억할 것이다. 치매를 앓던 이 늙은 설교자는 대화를 나눌 능력을 오래전에 잃었지만, 그럼에도 불구하고 신앙을 지켰다. 바트의 할머니가 전한 바에 따르면, 어느 날 아침 다섯 시에 일어나보니 남편이 침대에 똑바로 앉아 보이지 않는 존재를 단호하게 꾸짖고 있었다. "사망아, 너의 쏘는 것이 어디 있느냐?" 그가 말했다. "무덤아, 너의 이기는 것이 어디 있느냐?" 이런 식으로 세 번 외쳤고, 매번 더 강하고 더 크게 외쳤다. 그러다 마침내 승리에 찬 몸짓으로 "우리 주 예수 그리스도로 말미암아 우리에게 승리를 주시는 하나님께 감사하노니!"라고 선언하고, 침대에 쓰러져 숨을 거두었다.

참으로 좋은 죽음이다.

내 어머니는 더 조용히 돌아가셨지만, 가족과 친구들에게 편지를 남겨 영생에 대한 확신을 확인시켜 주셨고, 장례식에서 참석자들에게 신앙적 결단을 요청할지에 대한 지침도 함께 남기셨다. 이민자 가족을 부양하기 위해 8학년에 학교를 그만두

어야 했던 이 선한 여성은 기쁨에 찬 확신으로 마지막 메시지를 마쳤다. "나 드디어 졸업해! 나를 위해 기뻐해 줘."

바트의 차례가 올 때 나는 아마 곁에 없을 테지만, 그때가 오면 나는 그의 세속적인 명료함이 그의 조부모님의 신앙만큼 그에게 도움이 될지 걱정된다. 분명히 말해 두자면, '바트의 차례'라는 말은 심판의 날을 언급하는 것이 아니라, 내 중년 학생이 어린 학우들에게 묘사했던 방식대로 그 자신의 필멸성에 대한 인식이 그를 압도하며 위협하는 그 순간을 말하는 것이다. 나이가 든 만큼, 나도 그런 순간들을 겪어 봤지만, 가장 기억에 남는 것은 역시 첫 번째 순간이다. 나는 겨우 서른한 살이었고, 두 어린 자녀를 둔 행복한 가장이었으며, 건강 상태도 양호했지만, 그 어떤 것도 중요하지 않았다. 어느 날 밤, 베개에 머리를 뉘었을 때 갑자기 가장 무서운 깨달음을 얻었다. "토니, 하루 더 가까워졌어." 나도 모르게 혼잣말을 했다. 등골을 타고 전율이 흘렀지만, 몸을 움직일 수 없었다. 그 생각이 싫었고 생각을 억누르기 위해 최선을 다했지만, 사라지지 않았다. 짐작하듯이, 기도를 시작하기 전까지는 말이다.

죽음을 받아들이는 또 하나의 용기:
필멸성을 끌어안는 삶

———— •

바트 캠폴로

B

내가 어렸을 때 사촌 형 레이는
내가 아는 누구보다도 활력이 넘치는 사람이었다. 형이
이스턴대학교에 입학한 뒤로 우리는 자주 만났고, 그는 금세
나의 영웅이 되었다. 나는 형이 이끌던 동네 청소년 모임에
곧잘 따라다녔는데, 어떤 친구의 말을 빌리자면 "레이 형이
가는 곳이면 어디든지 즉석 파티가 열렸기" 때문이었다.
레이 형은 대학과 신학교를 거쳐 목회자가 되기까지 내내
명석하고, 유머가 넘치며, 다정하면서도 카리스마 있는
사람이었다. 그러던 어느 날, 마흔두 살의 나이에 갑작스러운
뇌졸중으로 쓰러져 뇌사 상태에 빠졌다.

　　나는 앤 이모가 의사들과 의논하고 형의 인공호흡기를

때고 장기를 기증하는 데 동의한 후, 형의 마지막을
지켜보았다. 나는 우리가 어떻게든, 어디에선가 다시
만나게 될 거라고 필사적으로 믿고 싶었던 그 순간을
지금도 기억한다. 그때까지 내게 천국은 그저 동화 같은
이야기였지만, 갑자기 나는 그것이 실재한다고 믿어야만
했다. 나는 그것이 그리스도인이든 아니든 느끼게 되는
지극히 자연스러운 감정이라고 생각한다. 19세기 후반 미국
최고의 웅변가로 널리 알려졌던 로버트 잉거솔은 이 점을
다음과 같이 표현했다.

> 불멸에 대한 생각은, 마치 바다처럼 인간의 마음속에서
> 밀려왔다 밀려가기를 반복한다. 그 수많은 희망과 두려움의
> 파도가 시간과 운명이라는 해안과 바위에 부딪혀 왔다.
> 이 생각은 어떤 책이나 신조, 혹은 종교에서 태어난 것이
> 아니다. 그것은 인간의 애정에서 태어났으며, 사랑이 죽음의
> 입술에 입을 맞추는 일이 일어나는 동안에는, 언제나 의심과
> 어둠의 안개와 구름 아래서 계속 밀려오고 밀려갈 것이다.
> 그것은 무지개다. 슬픔의 눈물 위에서 빛나는 희망이다.

로버트 잉거솔, 《**로버트 잉거솔 저작선** *The Works of Robert G. Inger-
soll*》, 2012

종교가 영생에 대한 인간의 희망을 만들어 낸 것이
아니라, 오히려 그 반대라는 이 통찰은 내 경험과도 깊이

184

공명한다. 나는 슬픔에 잠긴 사람들이 사랑하는 사람이
정말로 죽은 것이 아니라 더 좋은 곳에 있을 뿐이며, 때가
되면 그곳에서 모두가 행복하게 영원히 재회할 것이라는
약속으로 서로를 위로하는 모습을 수없이 보아 왔다.

물론 그런 순간에 무언가를 바란다고 해서 그것이
현실이 되는 것은 아니라고 말하거나, 죽음 이후의 삶에 대한
설득력 있는 증거는 없다는 점을 굳이 지적할 필요는 없다.
오히려 나이가 들수록 신자들과 천국 문제로 논쟁하고 싶은
마음이 점점 사라진다. 모든 것이 평온할 때도 마찬가지다.
영원한 생명을 바라는 것은 지극히 자연스러운 일이다.
하지만 잉거솔은 바로 그 점에 의문을 제기한다.

내가 확신하는 한 가지는, 만약 우리가 여기서 영원히 살 수
있다면, 우리는 서로에 대해 전혀 신경 쓰지 않을 것이라는
점이다. 우리가 죽어야만 한다는 사실, 이 잔치가 끝나야만
한다는 사실이 우리의 영혼을 하나로 모으고, 우리 마음과
마음 사이에 돋아난 잡초를 밟아 길을 만들게 한다.

병원이나 호스피스 병동에서 시간을 보내 본 사람이라면
누구나 이 진실을 안다. 사람들은 자신의 시간이 얼마 남지
않았음을 알면, 가장 소중한 사람들과 함께 있기를 소원한다.
그리고 그들은 종종 중요한 말들을 주고받는다. 고마워,
미안해, 네가 자랑스러워, 날 용서해 줘, 이것만은 약속해 줘,
사랑해…. 오래 전에 했어야 할 말들이다. 관계는 회복되고,

원망은 마침내 잊힌다. 치유가 일어난다. 감사와 용납이
자유롭게 흐른다. 그리고 우리 모두는 궁금해한다. **왜 이토록
오래 걸렸을까?**

사실, 그러한 선함은 시간이 흐르는 데서 생기는 것이
아니라, 시간이 분명히 끝난다는 사실에서 비롯된다. 죽음이
우리를 곧 갈라놓지 않는다면, 서로에게 연결되거나 다시
연결되어야 할 절박함도 없을 것이다. **내일 하자.** 우리는
스스로에게 말할 것이다. **다음 주에 할 거야. 아니면 다음
달에. 백 년, 천 년, 백만 년 뒤에 해도 되지.** 영원은 적이다.
좋든 싫든, 사랑에는 마감 기한이 필요하다.

그것이 천국이라는 환상에 대해 내가 느끼는 가장 큰
문제점이다. 천국은 사람들로 하여금 지상에서의 삶이라는
가장 중요한 현실로부터 눈을 돌리게 만든다.

지구 상의 다른 모든 상품과 마찬가지로, 인간 생명의
가치도 수요와 공급에 의해 결정된다. 우리의 날이 얼마 남지
않았다는 바로 그 사실이 우리의 하루하루를 헤아릴 수 없이
소중하게 만든다. 죽음에 대한 우리의 인식이 바로 우리를
인간으로 만드는 것이다. 그 인식을 무디게 하는 어떤 생각도,
매 순간을 최대한 의미 있게 살아가려는 우리의 절박함을
손상시키며, 장기적으로는 우리를 손상시킨다. 잉거솔도 이에
동의한다.

그러니 결국, 사랑이란 허물어져 가는 무덤의 가장자리에서
피어나는 작은 꽃일지도 모른다. 그러니 어쩌면, 죽음이

없었다면 사랑도 없었을 것이고, 사랑이 없으므로 모든 삶이 저주가 되었을지도 모른다.

나는 우리가 죽음을 삶의 부정으로 여기는 것을 멈추고, 대신 우리가 누리는 모든 좋은 것을 가능하게 하는 필수적인 촉매로 보아야 한다고 생각한다. 이것은 단지 그럴듯한 생각이 아니라, 훌륭한 과학이기도 하다. 나는 진화생물학자는 아니지만, 우르술라 구디너프의 책《자연의 신성한 깊이》를 통해 배운 것이 있다.

단세포 유기체는 복제를 통해 두 개의 새로운 세포를 낳지만, 부모 세포 자체는 결코 죽지 않는다. 이런 관점에서 보면, 이 유기체들은 사실상 불멸이라고 할 수 있다. 하지만 다세포 동물이 출현하면서, 번식에 관여하는 세포(생식 계열)와 생존에 필요한 다른 일들을 처리하는 세포(체세포)가 분화되기 시작했다. 그 과정에서 체세포의 죽음은 운명으로 프로그램되었고, 불멸성은 생식 계열에게로 넘겨졌다. 이로써 뇌를 포함한 체세포는 복제라는 의무에서 벗어나, 생식 계열을 전달하는 전략에 집중할 수 있게 되었다.

나의 이 짧은 요약이 이해가 되었든 아니든, 다음과 같은 구디너프의 결론은 분명히 파악할 수 있을 것이다.

결국 우리의 뇌, 그리고 우리의 마음은 나머지 체세포와 함께 죽게 될 운명이다. 그리고 바로 여기서 우리는 인간 존재의 핵심적인 아이러니를 마주하게 된다. 그것은 우리의 지각 있는 뇌가 자신의 죽음을 전망하며 깊은 후회와 슬픔, 두려움을 경험할 수 있는 독특한 능력을 지녔지만, 정작 그러한 우리 뇌가 존재할 수 있게 만든 것은 바로 그 '죽음의 발명', 즉 생식 계열과 체세포의 분리였다는 사실이다.

다시 말해, 죽음은 인식의 대가다. 죽음은 사랑, 기쁨, 아름다움, 희망, 그리고 경이로움의 대가다. 우리는 불멸을 택하든 인간성을 택하든 둘 중 하나만 가질 수 있다. 당신은 어떨지 모르겠지만, 나는 이 삶을 선택한다. 아니, 오히려 나는 이 삶에 감사하기로 선택한다. 특히 우주에 존재하는 물질과 에너지 중에서 자의식을 가진 인간이 되는 것은 말할 것도 없고, 애초에 생기를 가지게 되는 비율조차도 극히 미미하다는 것을 생각하면 더욱 그러하다.

이 점은 세속 사상가들 중 리처드 도킨스가 그의 책 《무지개를 풀며 *Unweaving the Rainbow*》(1998)에서 가장 잘 표현한 것 같다.

우리는 죽을 것이다. 그리고 바로 그 사실이 우리가 행운아임을 말해 준다. 대부분의 사람들은 결코 죽지 않을 것이다. 그들은 애초에 태어나지도 않을 것이기 때문이다. 내 자리에 있을 수 있었지만 끝내 세상의 빛을 보지 못한 잠재적 존재들의 수는 아라비아 사막의 모래알보다도 많다. 분명 그 태어나지 않은 유령들 중에는 키츠보다 위대한 시인도, 뉴턴보다 위대한 과학자도 있었을 것이다. 우리의

188

DNA가 허용하는 인간 조합의 잠재적 가능성은 실제 태어난 인간의 수를 압도적으로 초과하기에, 우리는 이 사실을 안다. 이처럼 아찔한 확률을 통과하여 바로 당신과 내가 평범하기 그지없는 모습으로 여기에 있다. 모든 불가능함을 뚫고 '탄생'이라는 복권에 당첨된 우리들 소수의 특혜를 받은 자들이 광대한 다수가 결코 벗어나지 못했던 그 이전의 상태로 필연적으로 돌아가는 것에 대해 어찌 감히 불평할 수 있겠는가?

솔직히 말해, 나는 도킨스가 말하는 '그 이전의 상태'로 돌아가는 것이 두렵지 않다. 어차피 내가 죽고 나면 그것 때문에 괴로워할 '나'는 없을 테니까. 나는 에피쿠로스의 말에 동의한다. "죽음이 있는 곳에 나는 없고, 내가 있는 곳에 죽음은 없다." 그런 경험이 없었다면 존재하지 않는다는 사실에 더 불안했을지도 모른다. 하지만 나는 태어나기 전 자그마치 130억 년 동안 존재하지 않았고, 그 사실이 나를 조금도 괴롭히지 않았다. 사실 나는 지금 의식을 가지고 살아가는 이 삶을 '망각으로부터 잠시 떠나온 짧고 아주 흥미진진한 휴가'라고 여긴다.

몇 년 전, 우리 가족은 너그러운 친구 덕분에 힐튼 헤드에 있는 저택에서 2주를 보낼 기회를 얻었다. 그는 자신의 스피드 보트와 재규어 컨버터블 자동차 열쇠까지 건네주었다. 처음에는 그야말로 천국에 있는 듯했다. 수영장에서 한가로이 시간을 보내고, 와인 저장고에서 꺼내 온 최고의 빈티지

와인을 즐겼다. 하지만 떠날 날이 다가오자, 나는 우리가 그런 사치를 영원히 누릴 수 없다는 사실을 생각하며 한탄하기 시작했다. 어떤 가족들은 항상 그렇게 살 수 있는데 우리 가족은 그렇지 않다는 것이 불공평하게 보였다. 도킨스의 표현을 빌리자면, 나는 징징대기 시작했다.

그렇게 울적해 있던 나를 정신 차리게 해 준 이는 딸 미란다였다. 미란다는 내게 애초에 우리가 이곳에 와서, 살아서 건강하게 함께 햇살을 즐기고 있다는 것 자체가 얼마나 엄청난 행운인지를 일깨워 주었다. "아빠," 딸아이가 나를 꾸짖듯이 말했다. "여기 더 있고 싶다고 우울해하며 남은 며칠을 낭비할 수도 있고, 떠날 시간이 될 때까지 우리와 함께 행복을 마지막 한 방울까지 짜낼 수도 있어요. 이 시간을 날려 버리지 마세요. 감사가 더 현명한 선택이라는 거 우리 모두 잘 알잖아요."

미란다의 말이 맞았다. 그리고 그것은 단지 사우스캐롤라이나에서의 그 며칠에 국한된 이야기가 아니다. 감사는 언제나 더 현명한 선택이다. 음식을 음미하라. 와인을 맛보라. 해변을 즐겨라. 그리고 마지막 날, 정말 현명하다면, 머물던 곳을 청소하고 모든 침대 시트를 갈아 주어라. 그리고 다음 사람들을 위해 친절한 메모를 남기고, 당신이 방금 누린 것만큼 멋진 시간을 보내기를 빌어 주라. 내 말을 믿어 보라. 그것 또한 즐거움의 일부다.

멋진 영화를 보거나 스릴 넘치는 롤러코스터를 타 본 적이 있다면 내가 무슨 말을 하는지 알 것이다. 흥분 속에서

190

밖으로 나오는 길에 차례를 기다리는 사람들을 지나치면서,
당신은 고갯짓을 하며 미소를 짓지 않을 수 없다. "와…
안전벨트 꽉 매셔야 해요!" 당신은 행복한 얼굴로 그들에게
말한다. "정말 엄청나게 무서울 테니까요!" 다른 누군가에게도
즐거움이 준비되어 있음을 아는 것은 그 자체로 기쁨이다.

나는 대부분의 사람들이 죽음을 제대로 마주하지 못하는
주된 이유 중 하나가 '우리가 서로의 행복을 대신 즐거워하는
훈련을 충분히 받지 못했기 때문'이라고 생각한다. 우리는
아이들에게 서로 경쟁하도록 가르치는 데는 아주 뛰어나고,
때로는 협력도 그만큼 잘 가르친다. 하지만 다른 사람의
성취와 행운을 진심으로 기뻐하도록 가르치는 일은 해 본
적이 별로 없다. 너무나 자주 우리는 자신에게 지나치게
몰두한다. 하지만 내가 확실히 아는 것이 하나 있다. 다른
사람들과 자신을 동일시하고 상상력을 발휘하여 그들의
과거, 현재, 미래의 행복을 대신 즐거워하는 것이야말로 좋은
죽음을 맞이하는 비결이라는 것이다.

여기 작은 예가 있다. 나는 아직 전반적으로 건강한
편이지만, 두 발목은 농구하다 입은 부상과 뼈 돌기들과
손실된 연골과 관절염으로 망가졌다. 나쁜 소식은 내가
다시는 달리거나 점프를 할 수 없다는 것이고, 한 걸음 한
걸음 걷는 것이 늘 고통스러운 모험이라는 점이다. 좋은
소식은 네 번의 수술과 수많은 진통제 덕분에 여전히 꽤 잘
걸을 수 있고 자전거도 탈 수 있다는 것이다. 중요한 질문은
그 다음에 일어나는 일이 무엇인가다.

나와 같은 처지의 어떤 사람들은 자신이 잃어버린 능력을 한탄하고, 여전히 그 능력을 가진 사람들을 향해 화를 낸다. 그들은 비교하고 불평하며, 항상 과거를 돌아보며, 늙는 것이 얼마나 싫은 일인지에 대해 이야기한다. 그들은 점점 더 잘 대해 주기 어려운 사람이 되고, 그 결과 더 큰 외로움을 느끼게 된다. 하지만 어떤 사람들은 더 우아하게 떠나보내는 법을 배운다. 오히려 그렇게 함으로서, 자신이 처음에 가졌던 것들에 대해 더욱 감사하게 된다. 그들은 말한다. "와, 이제는 달리고 점프할 수는 없게 되었지만, 한때는 정말 신나게 달리고 뛰었지! 이제는 젊은이들이 노는 모습을 보며 행복했던 기억을 떠올리고 그들의 젊음을 응원하는 게 좋아. 기회가 될 때마다 나는 그들에게 젊음을 만끽하라고 말해 주려고 해. 나 자신에게도 지금 누릴 수 있는 것들을 즐기자고 다짐하곤 해."

내가 아는 가장 행복한 노인들은 삶의 막바지에 이르러 예외 없이 후자의 길을 택한 사람들이다. 이런 노인들은 한발 물러서서 지혜와 격려를 건네며 "나는 더 이상 선수로 출전할 필요가 없어. 내 시간은 끝났고, 이제 그들의 차례야"라고 말할 줄 안다. 그래서 나는 더 잘 응원하는 법을 배우려고 노력하고 있다. 그렇게 나는 인생의 막바지에 내가 전혀 경기에 나가지 못하게 될 때, 그것을 받아들일 수 있도록 준비한다. 물론, 여기서 핵심은 "노력하고 있다"라는 말이다. 늙고 우아하게 죽음을 맞이한 사람 중에 우연히 그렇게 된 사람은 아무도 없으며, 나는 내가 그 첫 번째가 되리라 자만할

만큼 어리석지 않다. 인간의 존엄성은 지속적이고 의식적인
노력을 요구한다.

물론, 우리 중 많은 이들은 슬퍼하는 법도 제대로 배우지
못했다. 한 가지 이유는 우리가 사랑하는 사람이 정말로
죽은 것이 아니라 더 좋은 곳에서 잘 살고 있다고 서로를
납득시키는 데 신경을 쓰며 많은 시간을 보내기 때문이다.
다시 말해, 천국이라는 환상이 종종 우리를 가장 중요한 것에
집중하지 못하게 만든다.

몇 년 전, 우리 가족은 프리츠 워커 씨의 장례식에
참석했다. 그는 나의 아주 친한 친구의 아버지였고, 내 어린
시절에 나에게 많은 영향을 끼쳤던 분이다. 거의 세 시간 동안
친구들과 가족들이 돌아가며 프리츠 아저씨 특유의 자상함을
생생하게 떠올리게 하는 온갖 감동적인 이야기를 나누었다.
마지막으로 장례를 담당한 목사님이 마무리를 지었다. 나중에
프리츠 아저씨의 아들인 내 친구는 내게 자신과 형제들은
하루 종일이라도 그 자리에 앉아 있을 수 있었을 거라고
말했다. "그 이야기들 중 반 이상은 우리가 들어 본 적도
없는 이야기였어." 그가 내게 말했다. "그리고 우리가 알던
이야기도 아주 새롭게 느껴졌어. 아버지가 다른 사람들에게
어떻게 감동을 주셨는지, 어떤 일들을 하셨는지 알게 되면서,
비록 돌아가셨지만 아버지를 더 많이 알게 된 것 같았어."

좋은 장례식에서는, 물론 죽음의 슬픔도 애도하지만,
동시에 믿을 수 없을 만큼 작은 확률로 주어진 삶이라는
특권을 기린다. 특히 나의 아버지가 '영원한 순간들'이라고

부르는, 우리 각자가 가장 충만하게 살아 있었던 순간들을
기념한다. 좋은 장례식에서 우리는 삶이 사소한 일에
낭비하기에는 너무나 소중함을 상기하게 되고, 서로를
진정으로 그리고 깊이 사랑함으로써 삶을 최대한 누리려는
노력을 새롭게 하도록 영감을 받는다. 그 메시지는 "그는
정말로 떠난 것은 아니에요"가 아니라, "그는 정말 특별하지
않았나요? 우리가 그를 알게 된 것은 정말 큰 행운이
아닌가요? 우리가 살아 있다는 것 자체가 얼마나 놀라운
일인가요?"가 되어야 한다.

물론, 이 모든 것은 오래 행복한 삶을 산 사람에 대해
말할 때 더 쉽게 할 수 있는 말이다. 하지만 나는 대학교
채플린으로서, 자신의 잠재력을 미처 다 펼쳐 보지 못한
젊은이의 때 이른 죽음을 비통해하는 친구들과 가족들을
종종 마주해야만 한다. 도심 지역에서 교회 목사로 일했을
때도 마찬가지였다. 다른 점은 그때는 그 젊은이들이
폭력의 희생자인 경우가 많았다는 것뿐이다. 어쨌든, 나는
어린 자식의 죽음 앞에서 위로를 건네는 것은 모든 종교
지도자들이 겪는 가장 혹독한 시험이라고 생각한다.

어떤 사람들은 유신론자들이 영생을 말하면서 더 쉽게
위로할 수 있으리라 생각하지만, 내 경험상 어린아이의
죽음을 '사랑의 하나님'이라는 개념과 조화시키는 것은
지독히도 힘든 일이다. 그리스도인이었을 때 나는 무슨 말을
해야 하는지는 알았지만, 내 말이 큰 위로를 주었다고는
생각하지 않는다. 가장 중요했던 것은 그저 그 자리에 함께

194

있으며 아픔을 나누는 것이었다.

세속적 인본주의자로서 나는 주로 다른 관점을 제시한다. 몇 년 전, 나의 세속주의자 학생 중 한 명이 자동차 사고로 가장 친한 친구를 잃고 큰 혼란 속에서 나를 찾아왔다.

나는 그에게 말했다. "그래, 이건 끔찍한 비극이야. 네 친구 벤은 칠십 년, 팔십 년을 살지는 못했어. 그건 좋은 것도 아니고 공평하지도 않아. 하지만 그럼에도 그는 삶을 살았어! 벤은 목성에 있는 돌멩이도 아니고, 원생동물도 아니고, 심지어 거미도 아니었어. 벤은 사람이었고, 너는 그를 좋아했지! 그도 너를 좋아했고! 그리고 그는 너의 우정을 경험했어. 물론, 그걸로 충분하지는 않아. 만약 충분했다 해도, 우리는 언제나 더 많은 것을 원했을 거야. 하지만 정말로 시인 테니슨의 말이 옳은 게 아닐까? 사랑한 다음에 잃는 것이 전혀 사랑하지 않는 것보다 더 나은 게 아닐까? 벤이 아예 태어나지 않은 것보다 살다가 죽은 것이 더 낫지 않을까? 백 년을 살았던 사람에게 이 말이 참이라면, 열여덟 해를 산 사람에게도, 심지어 단 1분 동안만 살았던 사람에게도 마찬가지로 참이야. 잠시 마음을 가라앉히고 생각해 봐. 아기들은 이해하거나 표현할 수는 없지만, 우리는 그들이 감정을 느낄 수 있다는 사실을 알아. 우리는 또한 삶의 마지막 순간을 맞이한 사람들이 고통 가운데서도 바로 그와 같은 인식과 감각의 순간을 단 한 순간이라도 더 붙잡으려고 필사적으로 매달린다는 것을 알아. 그 순간순간이 그렇게 소중한 거야. 그리고 네 친구는 그런 순간들을 경험했어. 이

부분이 받아들이기 가장 힘들겠지만, 주어진 시간이 길었든 짧았든, 이 삶은 우주가 우리에게 준 가장 값진 선물이야.”

물론, 초자연주의에 대한 믿음이 아무리 강해도 인간의 고난과 고통을 없앨 수 없듯이, 세속적 관점도 비극을 온전히 설명할 수 없다. 우리가 사는 세상은 놀랍도록 아름답지만, 동시에 지독하게 잔인하고 불공정하다. 실제로, 우리처럼 무언가를 소중히 여기는 동물을 만들어 냈지만, 우주 자체는 우리에게 전혀 무관심하다. 만약 이 세상에 사랑이나 정의가 정말로 존재한다면, 그것을 실현하는 것은 우리에게 달려 있다. 비극은 우리가 지체할 시간이 없다는 사실을 가장 강력하게 일깨워 준다.

정말로, 개인의 불멸을 믿지 않는 우리에게 궁극적인 죄는 이 소중한 시간을 낭비하는 것이다. 그것이 나를 진정으로 두렵게 하는 것이고, 내 관점이 넓어질수록 두려움은 커져 간다. 우주의 무한한 경이로움을 더 많이 생각할수록, 내가 단 하나의 관점만, 그것도 아주 단순한 관점만을 가지고 있다는 사실이 안타깝다. 모든 기회를 최대한 활용하려고 아무리 노력해도 마지막 순간이 오면, “오, 안 돼! 아직 아니야! 배우고 싶은 게 너무 많아! 보고 싶고 하고 싶은 게 너무 많아!”라고 외치고 싶어질 것 같다.

하지만 솔직히 말해서 영원히 살고 싶지는 않다. 설령 당신이 내게 결코 썩지 않을 완벽한 몸을 준다고 해도, 유토피아의 무한한 경험은 명백히 한계가 있는 내 인간 정신을 완전히 압도해 버릴 것이라고 확신한다. 하나님이

196

그에 걸맞은 무한한 정신을 줄 수도 있겠지만, 그러면 그것은
완전히 내가 아닐 것이니, 그게 무슨 의미가 있겠는가? 나의
유한함은 내 정체성의 중요한 부분이다.

아무리 맛있는 식사라도 어느 순간에는 배가 부르다.
아무리 좋은 책이나 영화라도 어느 순간에는 끝이 나기를
원한다. 아무리 즐거운 파티라도 어느 순간에는 너무
피곤해서 즐길 수 없게 된다. 더 이상 노래를 부르거나 농담을
듣고 싶지 않다. 더 이상 새로운 친구를 사귀고 싶지도 않다.
충분히 즐겼다. 잠자리에 들 준비가 된 것이다.

나는 아직 그 지점에서 한참 멀리 떨어져 있다고
생각하지만, 언젠가 이 삶에 충분히 만족하고 다른 사람에게
차례를 양보하고 자리를 비워 줄 준비가 된 내 모습을
상상하지 못할 정도는 아니다. 모든 가능성을 다 펼쳐 보는
것은 상상할 수 없지만, 나의 모든 힘이 소진된 모습은 상상할
수 있다. 더 나은 말로 하면, 충분히 만족한 내 모습을 상상할
수 있다.

죽음이라는 현실이 고통스럽지 않다고 말하는 것이
아니다. 하지만 단지 무언가가 고통스럽다고 해서 그것을
피할 수 있거나 피해야만 한다는 의미는 아니다. 나는 영원한
생명이라는 약속이 일종의 대응 메커니즘이라고 생각하며,
그것을 좋아하지 않는다. 파스칼은 신이 존재할 확률이
백만 분의 일이라도 있다면, 거기에 인생을 걸어야 한다고
말하지만, 내게 그것은 끔찍한 확률이다. 실제로, 이 세상에서
가장 큰 실수는 아마도 사실은 그렇지 않은데도 마치

끝없는 시간이 남아 있는 것처럼

　　　　　사는

　　　　　　　것일지도

　　　　　　　　　모른다.

설명되지 않는 경험들:
내가 초월을 말할 수밖에 없는 이유

토니 캠폴로

나는 종종 모든 사람이 일주일에 몇 시간이라도 정말 좋은 오순절 교회의 예배에 참석할 수 있으면 좋겠다는 생각을 한다. 그런 교회에서는 성령님의 능력과 임재가 손에 잡힐 듯 생생하게 느껴지는데, 이는 매우 중요한 경험이다. 교리를 받아들이는 것도 중요한 부분이지만, 결국 그리스도인이 된다는 것은 그보다 훨씬 더 큰 의미가 있기 때문이다. 진정한 제자도란 궁극적으로 살아 계신 예수님과 인격적으로 만나고, 그분의 임재를 **신비롭게** 느끼는 것이다.

참고로, 나는 예수님과 성령님이 하나이며 동일하신 분이시고, 두 위격이 모두 성부 하나님의 표현이라고 믿는다. 이것이 역설적으로 들리겠지만, 많은 그리스도인들처럼 나 역시 삼위일체 교리의 진실을 실제로 경험했다. 나는 어릴 때부터 하나님을 '아버지'라고 부르며 자랐고, 지금도 글을 쓸 때 가끔 그런 표현이 튀어나오곤 한다. 하지만 실제로 내가 믿는 하나님은 남성성과 여성성을 초월하는 분이다. 삼위일체 중 한 분과 관계를 맺는 것은 세 분 모두와 연결되는 것이다. 하지만 이것 역시 또 다른 신비이며, 대부분의 세속주의자들은 시간과 공간이라는 경험적 세계를 초월하는 신비를 위한 자리를 거의 남겨두지 않는다. 반면에 나는 고린도전서 2장 9절에 기록된 말씀을 믿는다. "하나님이 자기를 사랑하는 자들을 위하여 예비하신 모든 것은 눈으로 보지 못하고 귀로 듣지 못하고 사람의 마음으로 생각하지도 못하였다."

바트는 자신을 최신 지식을 따르는 사상가라고 주장하지만, 나는 종종 그가 지나간 세기의 사고방식에 갇혀 있다고 생각한다. 특히 그가 19세기 후반의 유명한 무신론 연설가이자 작가였던 로버트 잉거솔에게 그토록 매료되었다는 점이 흥미롭다. 잉거솔은 매우 극적인 방식으로 신의 존재를 부정했다. 예를 들어, 그는 강연을 다니면서 회중시계를 들어 보이고는 "만약 신이 있다면, 앞으로 60초 안에 나를 쳐서 죽여 보라고 도전하겠다"고 선언하며 청중에게 충격을 주곤 했다. 그러면 사람들은 다음 60초가 흐르는 동안 숨을 죽인 채 경악에 찬 침묵 속에서 기다렸고, 시간이 지나면 박수갈채를 터뜨렸다. 하나님을 조롱하던 이들은 특히 더 열렬히.

내가 생각하기에 바트가 제대로 고려하지 못하는 점은, 잉거솔이 옹호했던 종류의 근대적 사고는 역사가 포스트모던의 시대로 들어선 오늘날에는 점점 더 시대에 뒤떨어지고 있다는 것이다. 이 새로운 시대에 실재를 오직 경험 과학으로만 이해할 수 있는 것으로 축소하는 것은 구시대의 유물이 되었으며, 우주에는 경험적 방법으로는 탐구할 수 없는 힘들이 작용한다는 점에 대해 새로운 공감대가 형성되고 있다. 셰익스피어가 《햄릿 Hamlet》에서 한 말은 당시보다 오늘날에 더 깊이 와 닿는다. "호레이쇼, 하늘과 땅에는 자네의 철학으로는 상상도 할 수 없는 일들이 아주 많다네."

나는 너무나 많은 세속주의자들이 우리의 평범한 세계 속에서 초자연적인 것의 실마리를 인식하지 못하는 것이 실망스럽다. 그들은 우주의 경이로움을 긍정한다고 말하지만, 이러한 경이감이 어디서 비롯되는지는 제대로 설명하지 못한다. 그들을 감동시키는 것이 단지 우주의 광대함뿐일까? 더욱이, 신앙이 없는 사람들은 전 세계의 수많은 사람들이 증언하는 개인적인 경험들을 진지하게 받아들이기를 완강히 거부한다. 그 경험들이란, 영적인 힘이 이 경험적 현실 너머로부터 예기치 않게 그들의 삶에 침입하여 압도적인 영향을 미치는 경우를 말한다. 그러한 초월적 경험은 사회적 조건에 갇힌 세계관을 산산조각 내며, 충분히 초자연적인 것으로 여겨질 만한 에너지를 발산한다. 20세기 독일의 비교종교학자 루돌프 오토(Rudolf Otto)는 그러한 비합리적 경험을 '전율케 하는 신비(mysterium tremendum)'라고 불렀는데, 나 역시 그것이 단순히 뇌의 신경학적 기능으로 환원될 수 없다는 그의 의견에 동의한다.

몇 년 전, 한 대학에서 강의를 마친 후, 한 학생에게 질문을 받았다. 그는 사회학으로 박사 학위를 받은 사람이 어떻게 계속해서 신을 믿고 성경을 신뢰할 수 있는지 물었다. 그 젊은 이는 일어서서, 인간의 종교성에 대한 모든 새로운 심리학적·신경과학적 정보가 있음에도 불구하고 왜 내가 그의 말로 하면 '구시대적인 종교'를 버리지 못하는지 물었다.

나는 잠시 침묵했다. 그 질문에 대한 가장 진실한 답이 명확해질 때까지. "나는 하나님을 믿기로 결정했기 때문에 믿습니다." 내가 그에게 말했다. "그리고 그 결정을 내린 후에, 내가 이미 믿기로 결정한 것을 입증하기 위해 이론과 논증을 구성해 내기 시작했습니다."

"그럴 줄 알았어요!" 그 젊은이는 만족스러운 미소를 지으며 고개를 저었고, 자리에 다시 앉으려 했다.

"잠깐만요!" 내가 말했다. "자리에 앉기 전에, 당신은 왜 하나님을 믿지 않는지, 그리고 왜 성경이 하나님으로부터 영감받았다고 믿지 **않는지** 묻고 싶군요. 당신의 성장 과정 중 어느 곳, 어느 시점에, 당신 역시 하나님을 믿지 **않기로**, 그리고 성경이 하나님으로부터 온 진리의 계시일 가능성을 받아들이지 **않기로** 결정한 것 아닙니까? 그 결정을 내린 이후로, 당신의 **불신을** 뒷받침하기 위해 이론과 논증을 구성해 오지 않았나요?"

나의 요점은 과거에도 지금도 아주 간단하다. 어떤 수준에서 볼 때 신앙은 선택이라는 것이다. 물론, 내가 하나님이라는 초자연적 실재로 인식하는 것에 대해 여러 가지 다른 심리학적·신경과학적 설명이 있다는 것을 인정한다. 하지만 세속주의자들은 성경의 설명이 결국 진실로 증명될 매우 현실적인 가능성 또한 존재한다는 사실을 너무나 자주 잊는다. 복음 전도자로서 나는 사람들에게 복음에 한번 마음을 열어 보라고 권한다. 만약 그들이 그런 결정을 내린다면, 성령님이 그들의 영과 함께 하나님이 실재하시며 그들이 하나님의 자녀임을 증언하실 것을 알기 때문이다.

세계 최고의 수학자이자 철학자 중 한 명인 블레즈 파스칼은 그의 저서 《팡세 *Pensées*》에서 자신을 평범함에서 끌어올려 신비로 들어가게 했던 경험을 묘사한다. 그는 그것을 '불! 불! 기쁨! 기쁨! 말할 수 없는 기쁨!'이라고 불렀다. 마찬가지로, 현대 부흥 운동의 창시자인 존 웨슬리는 런던의 올더스게이트가에 있는 모라비안 교인들의 집회소에서 열린 기도회 중에 하나님을 신비롭게 체험했다. 그는 자신의 일기에 그 기도회에서 어떻게 자신의 마음이 '이상할 정도로 따듯해지는' 경험을 했는지, 그리고 그 경험이 어떻게 그에게 구원의 확신을 주고 이후 삶을 마칠 때까지 거의 쉬지 않고 복음을 전파하게 만들었는지 설명한다.

19세기 후반과 20세기 초반 하버드의 저명한 심리학자였던 윌리엄 제임스(William James)는 전 세계 사람들이 말한 그러한 신비로운 만남에 대한 증언을 모아서 출판했다. 《종교적 경험의 다양성 *The Varieties of Religious Experience*》(1902)이라는 제목의 그의 책에서 제임스는 그가 '회심 체험'이라고 부르는 것을 다음과 같이 설명한다.

회심하고, 거듭나고, 은혜를 받고, 종교를 경험하고, 확신을 얻는다는 것은 모두 자아가 경험하는 점진적이거나 갑작스러운 과정을 나타내는 여러 가지 표현이다. 이 과정을 통해 지금까지 분열되어 있었고, 의식적으로 잘못되어 있고, 열등하며, 불행하다고 느끼던 자아가 종교적 실재들을 더 굳게 붙잡음으로써 통일되고, 의식적으로 올바르고, 우월하며, 행복하다고 느끼게 된다. 이것이 적어도 일반적으로 회심이라는 말이 의미하는 바이며, 이 정의는 직접적인 신의 개입이 그러한 도덕적 변화를 가져오는 데 필요한지 아닌지에 대한 우리의 믿음과는 상관이 없다.

나는 그러한 회심이 실제로 상처 입은 사람들의 의식 속에 성령이 개입하여 그들을 치유하고 변화시키는 것을 포함한다고 주장하려면, 신을 믿어야만 한다는 점을 기꺼이 인정한다. 일부 신경과학자들은 이러한 신비 체험이 이론적으로 뇌의 특정 영역을 자극하는 전기적 충동으로 환원될 수 있다고 주장할 것이다. 나는 신비 체험 중에 뇌가 자극받는다는 사실을 부정하지는 않지만, 무엇이 원인이고 무엇이 결과인지 결론 내리는 것은 불가능하다고 주장하고 싶다.

나는 세속주의자들이 단지 자연 현상에 불과하다고 주장하는 우주의 경이로움에 대해서도 똑같이 느낀다. 실제로 그들은 우리의 모든 생리학적·지적 복잡성을 지닌 인간의 존재를 '본질적으로 무의미한 자연 속 일련의 무작위적인 사건들이 우연히 만들어 낸 결과'라고까지 말한다. 그럼에도 그들은 우주의 다른 곳에는 더 지적인 생명체가 있을 가능성이 높다고 말한다. 시간, 공간, 물질, 에너지가 무한히 확장된다면, 인간만큼 복잡한 유기체가 다른 곳에서도 나타났을 것이 거의 확실하다고 그들은 주장한다. 에밀 보렐(Émile Borel)의 유명한 말처럼, 충분한 시간만 주어진다면, 침팬지 한 마리가 무작위로 타자기를 두드려도 거의 확실하게 윌리엄 셰익스피어의 모든 희곡을 써 낼 수 있다는 것이다.

하지만 진화를 고려할 때, 우리는 많은 과학자들이 자연 선택이 단순히 무작위적인 시행착오의 과정이라고 믿지 않는다는 사실을 생각해 보아야 한다. 이 과학자들은 유기체 **내에** 생존에 필요한 적응을 하도록 이끄는 무언가가 있다고 주장한다. 다시 말해, 살아 있는 유기체의 진화적 발전은 무언가에 의해 인도되고 있다는 것이다. 나는 젊은 지구 창조론자는 아니지만, 분명히 그 인도하는 힘이 우리가 하나님이라고 부르는 신성한 영이라고 믿는다. 그러니 우주의 창조 과정을 이끄는 '지적 설계자'가 있다고 주장하여 종종 조롱받는 종교인들의 편에 나를 포함시켜도 좋다.

내가 단순히 창조주를 믿기로 선택한 것일까? 그가 성경을 통해 계시되고, 상처 입은 사람들의 회심 속에서 일하며, 내 삶 속에서 초월적인 영적 경험들을 통해 정기적으로 나타나신다고 믿기로 선택한 다음, 그 선택을 가장 잘 뒷받침하는 이론과 논증들만 골라 뽑은 것일까? 물론 그렇다. 그런 선택을 하는 것이 나의 믿음의 행위다.

내가 계속해서 씨름하는 부분은 왜 바트와 같은 세속주의자들이 내가 가진 것과 똑같은 가공되지 않은 데이터를 정반대

의, 그리고 훨씬 덜 희망적인 방향으로 해석하기로 선택하는가
하는 점이다. 우주의 경이로움이나 우리의 가장 초월적인 경험
들 뒤에 아무것도, 아무 존재도 없는 것처럼 살기로
하고, 그런 생활 방식을 가장 잘 뒷받침하는
이론과 논증들만 골라 뽑는 것 역시
믿음의 행위가 아니면
무엇이겠는가.

모든 것은 머릿속에서 일어난다:
내가 선택한 세계관의 이름

바트 캠폴로

B

나의 세속주의자 친구들 중 일부는 내가 그리스도인이었던 시절에 "성령의 임재를 느꼈다"거나 "하나님이 내게 말씀하셨다"고 말했던 것을 부끄러워할 것이라고 생각하지만, 사실은 그렇지 않다. 오히려 나는 그들에게 그런 일들이 실제로 일어났다고 말한다. 나는 혼자 있었음에도 불구하고 그 방 안에 다른 누군가가 있다는 것을 실제로 감지했다. 나는 혼자서는 의식적으로 고려해 본 적 없는 것들에 대한 메시지를 실제로 받았다. 그러한 경험들은 나에게는 매우 현실적이었다. 아마도 전 세계 수백만 명의 신자들에게도 계속 그런 경험이 일어날 것이다.

    그 지점에서 나의 세속주의자 친구들은 종종 내가
그들과 나의 이성을 모두 배신하기라도 한 것처럼 나를
쳐다본다. 그러면 나는 짓궂은 미소를 지으며 말한다.
"만약 당신이 인간의 초월적 경험을 믿지 않는다면, 그건
당신이 제대로 된 록 콘서트에 가 보지 않았거나, 제대로 된
약물을 사용해 보지 않았거나, 제대로 된 파트너와 사랑을
나누어 보지 않았거나, 관중이 꽉 들어 찬 축구 경기장에서
홈 팀이 마지막 순간에 승리를 결정짓는 골을 넣는 순간에
그곳에 있어 보지 않았기 때문일 겁니다. 그런 경험이 없다면
당신은 우리 인간이 다른 사람들이나 자연이나 우주 자체와
깊이 연결되는 느낌이나 하나 됨의 감정에 압도당하기
쉬운 존재라는 것을 알지 못할 겁니다. 우리는 모두 그런
감정을 갈망하고 즐기는 존재로 태어났습니다. LSD가 주는
환각적인 행복감이든, 어느 부족의 추수 축제의 리듬감
넘치는 에너지든, 대성당에서 촛불을 들고 몸을 움직이며
함께 찬송가를 부르는 합창단의 장엄하고 황홀한 광경이든,
모든 다양한 종류의 사람들이 자신을 일상의 현실 너머로
데려가고 긍정적으로 변화시키며, 자기 자신과 이웃에게
연결시켜 주는 경험들을 적극적으로 찾아내고, 또 주도적으로
만들어 냅니다."
    내 이야기가 끝날 무렵이면, 나의 세속주의자 친구들은
대개 인정한다는 의미로 미소를 짓는다. 당연하게도, 나는 더
이상 어떤 종류의 초자연적 실재도 믿지 않게 된 지금, 내가
이전에 경험했던 하나님과의 만남을 다르게 해석한다고

설명한다. 요즘 나는 그것들을 일반적으로 내 뇌에서 일어난 심리학적·신경학적 사건들로 이해하고 설명한다. 그런 일들이 일어나지 않았다는 식의 말은 결코 하지 않는다.

영적 경험의 진정성을 무시하는 것은 세속주의자들 중에서도, 특히 종교적 배경 없이 자란 사람들이 흔히 저지르는 실수라고 생각한다. 초자연적 신앙의 다양한 황홀경을 직접 경험해 보지 않고 자란 사람들이 그리스도인들이 하나님과의 만남에 대해 터무니없어 보이는 주장을 하는 것을 들으면, 그들은 종종 그러한 신자들이 미치광이이거나 거짓말쟁이, 또는 둘 다에 해당한다고 성급한 결론을 내린다. 놀랄 것도 없이, 그러한 무시하는 태도는 진지한 신자의 분노를 살 수밖에 없다. 특히 친구나 가족이 그런 태도를 보인다면, 더욱 분노할 것이다.

물론 나는 그런 사람들보다는 더 잘 안다. 양쪽 입장을 모두 겪어 보았기 때문이다. 사실, 내가 기독교를 떠나기 전후로 친절하고 독실한 무슬림, 유대인, 힌두교도, 시크교도, 바하이교도 및 다른 종류의 종교인들과 친구로 지냈던 것을 고려하면, 나는 셀 수도 없을 만큼 다양한 입장을 경험해 본 셈이다. 그렇다고 내가 종교 간 대화의 전문가는 아니다. 하지만 내가 절대적으로 확신하는 것이 있다. 진짜 미치광이들은 대개 당신이 그들을 진지하게 받아들이는지 아닌지 신경 쓰지 않는다는 것, 그리고 사람들은 자신의 초월적 경험에 대해서는 거의 거짓말을 하지 않는다는 것이다.

그렇다 해도, 누군가 내게 예수님과의 개인적인 만남을

가졌다고 말하면, 나는 그 말을 액면 그대로 받아들일 수
없다. 다시 말하지만, 나는 그 순간에 무언가가 실제로
일어나고 있었다는 것을 절대적으로 믿지만, 내 최선의
추측은 그들이 전적으로 자연스러운 개인적인 초월 경험을
했고, 그들이 그리스도인이기 때문에 그 경험을 예수님과의
초자연적인 만남으로 해석했다는 것이다. 만약 그 사람이
무슬림으로서 똑같은 초월적 경험을 했다면, 그는 그 경험을
알라와의 만남이라고 말했을 것이고, 힌두교도였다면
브라흐마, 시바, 또는 비슈누를 만났다고 말했을 것이라고
나는 확신한다. 반면에, 만약 그 사람이 나처럼 세속적
인본주의자였다면, 그는 단순히 그 경험을 이 자연적이며
경이로운 우주 속의 또 다른 하나의 자연스러운 경이로
여기고, 그런 일을 경험한 자신의 행운에 대해 감사했을
것이다.

다시 말해, 우리 모두는 같은 종류의 초월적 경험들을
찾거나 만들어 내는 경향이 있다. 다만 그런 경험이 일어났을
때, 우리는 그 순간에 자신이 가지고 있는 세계관에
따라 그것을 해석하고, 그것을 그 세계관의 내러티브를
입증하고 정당화하는 데 사용한다. 그래서 한 사람에게는
살아 계신 예수님과의 신비로운 만남이 다른 사람에게는
심리학적·환경적 입력의 복잡한 조합에 의해 촉발되고
조건화된, 과학적으로 이해 가능한 신경학적 사건이 되는
것이다.

나의 경우는, 초월적 경험이 전적으로 자연적이며 여러

면에서 과학적으로 점점 더 이해 가능해지고 있다는 사실이
그것들을 덜 기적적이며 덜 경이롭게 만들지 않는다.

오늘날 롤러코스터가 거의 죽음으로 곤두박질치는 것
같은 낙하와 비틀림과 회전으로 탑승객에게 스릴과 공포를
경험하게 만들지만, 철저하게 설계되어 일요일 오후에
식료품점에 차를 몰고 가는 것보다 더 안전하다는 것을
우리는 알고 있다. 하지만 우리의 감정이 고도로 조작되고
있다는 것을 알면서도 우리는 그것을 기꺼이 타고 싶어
한다. 영화도 마찬가지다. 우리는 영화 제작자들이 우리를
웃고, 울고, 때로는 공포에 질려 비명을 지르게 할 것이라는
것을 미리 알지만, 여전히 줄을 서고 푯값을 지불한다.
과정이 어떻게 작동하는지 아는 것이 경험을 망가뜨리지
않는다. 그것은 오히려 경험을 도와주고, 우리는 결국 우리를
안전하면서도 믿을 만하게, 우리 스스로는 도달할 수 없는
경험의 영역으로 탈출하도록 도와주는 배우와 감독을
좋아하며 그들의 충성스러운 팬이 된다.

나도 복음 전도자로서 강단에서 똑같은 일을 했었다.
사람들이 내 메시지를 듣고 생각과 감정에 깊은 변화를
경험할 수 있도록, 목소리와 동작을 신중하게 조절하면서
영감을 주는 농담과 이야기를 들려주었다. 물론, 그런 방법을
가르쳐 준 이는 내 아버지였다. 나는 아버지만큼 훌륭한
설교자는 아니었지만, 아버지와 나는 모두 잘 다듬어지고
잘 소통하는 설교의 힘을 안다. 많은 설교자들은 그 능력을
성령에게 돌리지만, 그렇다고 해서 우리가 입는 옷, 집회

장소의 좌석 배치와 온도, 설교 전후에 연주될 음악 등 우리 메시지에 대한 청중의 수용성에 영향을 미칠 수백 가지 다른 환경적 요인들을 신중하게 고려하는 노력을 멈추지는 않는다. 학생 수련회에서 가장 유능한 지도자들은 그러한 세심한 계획을 거의 모든 부분에까지 확장한다. 이동할 차에 누가 함께 탈지, 방에서는 누가 함께 잘지, 몇 시에 잠자리에 들고 몇 시에 일어날지, 캠프파이어에서 먹을 마시멜로를 어떻게 나누어 줄지, 어떤 학생들에게 간증을 시킬지까지 말이다. 어떤 면에서 그 지도자들 역시 스릴 넘치는 놀이기구의 설계자들이다. 그들은 감정의 롤러코스터를 잘 설계하고 제작하여, 젊은이들이 바로 딱 적절한 마음 상태를 유지하며 아주 구체적으로 결단하는 순간까지 이르게 한다.

놀랍게도, 그러한 과정들을 이해한다고 해서 위대한 메시지나 잘 진행한 수련회가 의도된 영향을 미치는 것을 막지는 못한다. 사실, 감정 공학의 커튼 뒤를 들추어 보는 것은 일반적으로 사람들이 이용당할지도 모른다는 불안과 의심을 덜어 주어, 초월적 경험에서 훨씬 더 많은 것을 얻을 수 있게 해 준다. 우리의 뇌와 몸이 어떻게 작동하는지 배우는 것이 그것들, 또는 그것들로써 가능하게 되는 경험들을 덜 놀랍게 만들지 않는다. 오히려, 그것은 더 많은 경이로움을 더할 뿐이다.

세속주의자로서의 여정 초기에, 나는 생물학자 우르술라 구디너프가 자신을 '종교적 자연주의자'라고 표현하는 것을 알게 되었다. 나는 그 별명이 마음에 든다. 단, 성경을 끼고

등산하는 사람으로 오해받지 않길 바란다. 구디너프처럼 나도
자연주의자다. 나는 이 물리적 우주, 혹은 다중 우주, 혹은
요즘 우리가 물질과 에너지 전체를 부르는 말이 무엇이든,
그것이 실재의 전부라고 생각하기 때문이다. 내가 종교적인
이유는 인격적인 하나님이나 다른 어떤 종류의 초자연적인
힘을 믿기 때문이 아니라, 자연적 실재, 그중에서도 특히 살아
있고 초월을 경험할 수 있는 그 부분들이 나의 경외와 감사와
절대적인 헌신을 받아야 할 만큼 충분히 경이롭다고 믿기
때문이다.

오해하지 말라. 내가 이 세상과 이 삶에 충성을
맹세한다는 사실이 내가 그 둘 중 어느 하나라도 포괄적인
목적이나 설계를 가지고 있다고 생각한다는 의미는 아니다.
좋든 싫든, 모든 철학적 질문 중 가장 위대한 질문, 즉 "삶의
의미는 무엇인가?"에 대한 나의 대답은 "의미라는 것은
없다"다. 요컨대, 우주는 의미에 신경 쓰지 않는다.

하지만 우리 인간은 신경 쓴다. 그리고 그것이 내가
생명의 이야기에서 가장 좋아하는 부분이다. 물론 우리는
그 이야기가 어떻게 시작되는지 아직 모른다. 하지만 찰스
다윈 덕분에 적어도 그것이 어떤 단세포 생물의 단순성에서
우리의 이 복잡성으로 어떻게 나아왔는지에 대해 꽤 잘 알고
있다. 그리고 그 과정 어딘가에서 동물들이 생존 전략의
일환으로 서로 협력하기 시작한 순간부터 의미가 나타났다.
결국 의미란 우리 사회적 동물들이 발견하는 것이 아니라,
우리가 서로 관계를 맺으면서 우리 사이에서 만들어 내는

것이기 때문이다.

그것이 아마도 모든 것 중 가장 위대한 경이로움일
것이다. 즉, 아무런 설계나 목적도 없는 차갑고 무심한 우주가
그럼에도 불구하고 적어도 무언가를 만들어 냈다. 그것은
이 수십억 분의 일의 은하계에 있는 이 수십억 분의 일의
행성에서 우리 자신과 우리 주변의 모든 것을 필사적으로
이해하고 감사하고 싶어 하는, 당신과 나처럼 사랑스럽고
사랑할 줄 아는 인간 존재들이다.

물론, 나는 나의 그리스도인 친구들이 어떻게, 그리고
왜 우주를 특정한 방향으로 실제로 이끌고 있는 누군가가
있다고 믿는지 이해한다. 나도 여러 해 동안 그렇게 믿었다.
비록 전통적인 6일 창조론 같은 것을 받아들였던 적은
없지만, 우리 몸과 우리 세계 안의 모든 복잡성과 상호
연결성이 어떤 종류의 지적 설계의 산물이 아닐 리가 없다고
생각했었다. 특히, 신학자 폴 틸리히(Paul Tillich)나 피에르
테야르 드 샤르댕(Pierre Teilhard de Chardin)이 본질적으로 인간의
이해를 넘어서는 영적 실재의 실마리라고 말했던 그런
초월의 순간들을 경험했을 때는 더욱 그랬다. 무엇보다도,
우리의 자연 질서처럼 복잡하고 섬세하게 미세 조정된 것이
어떻게 우연히 생겨날 수 있었겠는가? 혹은 더 정확하게
말하면, 과연 그렇게 믿을 수 없을 정도로 적은 확률의
우연들이 믿을 수 없을 정도로 길게 연쇄적으로 계속
일어났겠는가?

하지만 우주의 광대함에 대해 더 많이 배울수록, 그

일련의 우연들이 내게는 덜 불가능해 보인다. 그것이 일종의
기적이 아니라고 말하는 것은 아니지만, 수십억 년에 걸쳐
우주를 소용돌이치며 떠도는 수조 개의 별과 행성들 속에서,
그러한 기적은 어딘가에서 어느 시점엔가 일어날 수밖에
없을 것이다. 그리고 그 기적으로부터 나타난 자의식을 가진
존재들이라면 적어도 처음에는 그것이 설계에 의한 것이라고
생각할 수밖에 없을 것이다. 다시 말해, 시간을 거슬러 생각할
방법을 찾기 전까지는, 의미를 발명한 존재들은 아마도
그것을 자신들이 받았다고 생각할 수밖에 없었을 것이다.

　나는 우리 인간이 그토록 많은 종교적 신념이 생겨나게
하는 이 삶의 신비로운 특성들을 완전히 묘사할 수
있는지조차 확신할 수 없다. 하물며 그러한 축복들을 어떻게
완전히 통제할 수 있을까. 나는 또한 우리가 어디서 왔는지,
또는 어떻게 존재하게 되었는지를 완전히 이해할 만큼
충분히 멀리 시간을 거슬러 생각해 볼 수 있을지 확신하지
못한다. 어떤 사람들은 과학이 언젠가 우주에서 모든 신비를
제거할 것이라고 생각하고 절망하지만, 나는 걱정하지
않는다. 내가 아는 바로는, 우리 인간은 한 가지 질문에
답하거나 한 가지 문제를 해결할 때마다, 동시에 훨씬 더 골치
아픈 열두 개의 질문과 문제를 생산하기 때문이다. 더 중요한
점은 설령 우리가 모든 것을 설명할 수 있다 하더라도, 그것이
이 세상을 덜 소중하게 만들거나 우리의 헌신을 받을 가치가
없게 만들지는 않을 것이라는 점이다.

　앞 단락에서 나는 의도적으로 '축복'이라는 단어를

사용했다. 내게는 감사할 수 있는 어떤 현실이나 인간의
경험은 모두 축복이기 때문이다. 나는 더 이상 은혜로운
하나님을 믿지 않지만, 여전히 식사 시간에는 잠시 모든
것을 멈추고 감사하는 시간을 갖는다. 음식에 대해, 그것을
생산하고 준비한 손길에 대해, 그것을 즐길 수 있게 해 주는
내 몸의 여러 부분에 대해, 그리고 무엇보다도, 모든 것 중
가장 위대한 선물인 의식을 가지고 살아가는 오늘 이 하루에
대해 감사한다.

당신은 아마도 내가 누구에게 감사하는지 묻고 싶을
것이다. 사실 특정한 대상은 없다. 아마도 내 부모님,
선생님들, 친구들, 그리고 우리의 모든 조상들을 감사의
대상으로 고려해 보아야 할지도 모르겠다. 또 한편으로는,
이 지구를 구성하는, 그리고 나를 형성한 모든 원자들이
수십 억 년 전 적당한 곳에 있었던 어떤 초신성의 폭발에서
비롯되었다는 것을 생각해 보면, 나의 행운의 별들에게
감사해야 할지도 모른다. 어쨌든, 나는 이 삶이 가져다 준
수많은 다채로운 축복에 깊이 감사하며, 특히 내가 과거에
하나님과의 만남이라고 불렀던 초월과의 조우에 대해
감사한다. 더욱이, 나는 나의 그리스도인 친구들처럼 그런
감사를 공개적으로 표현할 때, 내가 그 축복들을 더욱
뚜렷하게 인식하게 되며 훨씬 더 경이롭게 느끼게 됨을
알게 되었다.

결국, 그것이

핵심이다.

함께 쓰는 결론

믿음이 달라도 관계는 남는다

바트 캠폴로, 토니 캠폴로

지금까지는 독자들이 우리 중 누가 글을 쓰고 있는지 쉽게 알 수 있었다. 하지만 이제는 우리 두 사람이 한목소리로 함께 글을 써야 할 때가 되었다. 결국, 우리는 우주의 근원이나 인류의 궁극적인 운명에 대해서는 의견이 다를지 모르지만, 그 사이의 삶을 살아가는 방식에 관해서는 언제나 한마음이었다. 바로, 사랑이 가장 탁월한 길이라는 것이다.

여기서 우리가 말하는 사랑은 화려한 말이나 달콤한 감정과는 거리가 멀다. 오히려 치열한 결단에 더 가깝다. 가깝고 중요한 내 사람을 알아 가고 또 그에게 나를 알리려는 결단. 심지어 그 일이 고통스러울 때조차도 그렇게 하려는

결단. 그래야만 상대의 판단에 의구심이 들 때조차도 그를
온전히 신뢰할 수 있기 때문이다.

이 마지막 말은 특히 우리 두 사람에게 해당한다.
기독교의 본질적 진실성에 관한 한 우리 중 한 명의 판단은
옳고 한 명은 틀렸음이 분명하기 때문이다. 결국 하나님의
실재는 의견의 문제가 아니다. 캠폴로 부자 중 한 명은 올바른
방향으로 생각하고 또 나아가고 있다. 다른 한 명은 끔찍하게,
어쩌면 비극적일지도 모르는 상태로, 착각에 빠져 있다. 이
점에 관해 우리는 서로 동의한다.

사실, 함께 수많은 시간을 보내며 이야기하고, 듣고,
영적으로 다시 서로를 알아 가면서, 우리는 아주 많은 것들에
대해 의견이 일치하게 되었다.

무엇보다 먼저, 우리는 신앙의 경계를 사이에 둔
사람들이 종교와 영성에 관해 따뜻하고 건설적인 대화를
나누려면, 영원한 구원에 대한 최종적인 판단을 하나님께
맡기기로 결심해야 한다는 데 동의한다. 그러지 않으면 그런
대화는 거의 불가능하다. 세속주의자에게는 이 문제가 크게
어렵지 않다. 애초에 영원한 심판을 걱정하지 않기 때문이다.
그러나 상대를 아끼는 그리스도인에게는 상황이 다르다.
논쟁에서 지는 것이 상대의 영원한 운명을 위태롭게 할지
모른다는 두려움 때문에, 관계가 상처 입더라도 어떻게든
이겨야 한다고 생각하기가 너무나 쉽다.

평정심을 잃고 분노에 휩싸이거나, 상대를
감정적으로 몰아붙이거나, 두려움에 마비될 위험에 처한

218

그리스도인들에게 우리는 한 가지 단순한 성경적 조언을
전한다.

하나님을 신뢰하라.

이는 "비판하지 말라. 그리하면 너희가 비판을 받지 않을
것이요. 정죄하지 말라. 그리하면 너희가 정죄를 받지 않을
것이요. 용서하라. 그리하면 너희가 용서를 받을 것이요"(눅
6:37)라는 예수님의 명령에 순종하라는 단순한 권면이
아니다. 또한 심판의 날에 누가 하나님 나라에 들어갈지는
오직 하나님만 아신다는 마태복음 25장의 '양과 염소의
비유'를 진지하게 받아들이라는 단순한 요구도 아니다.

"하나님을 신뢰하라"는 말은 진정한 신자라면 하나님의
성품을 신뢰하고, 그분이 모든 자녀를 향해 지니신 무한한
사랑을 신뢰하고, 하나님이 우리가 바라거나 기도하거나
기대하는 것보다 훨씬 더 풍성하게 행하실 수 있음을
믿어야 한다는 뜻이다. 우리 중 누구도 죽음 이후에
무슨 일이 일어날지 확실히 알지 못한다. 그러나 성경은
그리스도인들에게 낙관할 충분한 이유를 제시하며, 누구도
다른 사람에 대한 하나님의 구체적인 계획을 아는 것처럼
말하거나 행동해서는 안 된다고 분명히 말한다.

몇 가지 예를 생각해 보자.

주의 약속은 어떤 이들이 더디다고 생각하는 것 같이 더딘
것이 아니라. 오직 주께서는 너희를 대하여 오래 참으사
아무도 멸망하지 아니하고 다 회개하기에 이르기를

원하시느니라(벧후 3:9).

여호와의 말씀이니라. 너희를 향한 나의 생각을 내가 아나니
평안이요 재앙이 아니니라. 너희에게 미래와 희망을 주는
것이니라(렘 29:11).

기록되었으되 주께서 이르시되 내가 살았노니 모든
무릎이 내게 꿇을 것이요 모든 혀가 하나님께 자백하리라
하였느니라(롬 14:11).

아담 안에서 모든 사람이 죽은 것 같이 그리스도 안에서
모든 사람이 삶을 얻으리라(고전 15:22).

미쁘다 이 말이여 모든 사람들이 받을 만하도다. 이를
위하여 우리가 수고하고 힘쓰는 것은 우리 소망을 살아
계신 하나님께 둠이니 곧 모든 사람 특히 믿는 자들의
구주시라(딤전 4:9-10).

그러므로 너희는 이렇게 기도하라. 하늘에 계신 우리
아버지여 이름이 거룩히 여김을 받으시오며 나라가
임하시오며 뜻이 하늘에서 이루어진 것 같이 땅에서도
이루어지이다(마 6:9-10).

물론, 자비가 심판을 이긴다는 생각과 상충되는 듯

보이는 성경 구절도 적지 않다. 그러나 예수님의 삶과
그분이 전한 은혜와 용서의 메시지, 그리고 누가 천국에
들어갈지 속단하지 말라는 분명한 경고를 고려할 때, 우리는
그리스도인들에게 하나님을 신뢰하라고 권한다. 하나님이
우리의 가족과 친구들을 향해 품고 계신 사랑과 관심이
우리의 염려를 훨씬 뛰어넘으며, 결국 하나님께서 자신의
뜻을 이루실 것임을 믿으라는 말이다.

이것은 단지 좋은 신학에 그치지 않는다. 대화를
계속하고 신앙의 경계를 넘어 친밀한 관계를 유지하기 위한
좋은 전략이기도 하다. 간단히 말해, 우리들 대부분은 자신이
더 좋은 지식을 가졌다고 생각할 때조차도, 대화 상대가 나를
지옥에 갈 사람이라고 진심으로 믿고 있음을 알게 되면, 깊은
상처와 모욕감을 느낀다. 어떤 의미에서, 누군가에 대해 그런
식의 단정을 내리는 것은 궁극적인 무시 행위이며, 그들이
마음을 바꿔 우리에게 동의하지 않는 한, 그들이 지금까지
말하거나 행한 모든 선한 것을 사실상 부정하는 것이다.
당연하게도, 당신을 '걸어 다니는 시체'라고 생각하는 사람과
의미 있는 관계를 맺기는 어렵다.

믿지 않는 '사랑하는 사람들'의 구원에 대한 걱정을
멈추고, 그들의 궁극적인 안녕을 하나님께 온전히
맡기는 일이 쉽다고 말하려는 것이 아니다. 복음주의
그리스도인들에게는, 특히 부모에게는 더욱 쉽지 않은
일이다. 지금도 토니는 낮에는 그를 위로하는 하나님의
무한한 은혜에 대한 확신을 가지지만, 밤이 되면 어릴

때 들었던 지옥 불과 유황 설교를 떠올리고 특정한 성경
구절에 담긴 무서운 경고 때문에 종종 괴로워한다. 그럼에도
불구하고, 바트의 영원한 운명에 대해 질문하는 선의의
'친구들'과 마주했을 때, 가장 간단하고 정직하게 대응하는
법을 배웠다.

"염려해 주셔서 고맙습니다. 저는 그 문제를 하나님의
신실하신 손에 맡겼습니다."

우리 두 사람이 동의하는 바가 또 하나 있다. 이 대화에서
중요한 것은 상대를 설득해 마음을 바꾸게 하는 일이 아니라,
상대의 말을 듣고 이해하려는 태도라는 점이다. 우리는
사랑하는 사람이 자신과 의견이 다르다는 사실보다, 자신이
무엇을 경험했고 왜 그렇게 생각하거나 믿는지, 자신의 영적
여정을 어떻게 느끼는지에 대해 전혀 관심을 보이지 않는
것이 더 큰 상처가 된다고 말하는 부모와 자녀들을 여러 번
만나 보았다.

물론 이런 무관심은 때로 두려움에서 비롯되지만, 많은
경우 가족 안에서 굳어진 관계의 패턴과도 깊이 연결되어
있다. 이 책의 토대가 된 대화들이 가능했던 것은 우연이
아니다. 우리는 평소의 관계 패턴에서 벗어나 대화를 위한
시간과 장소를 따로 정하고, 처음에는 끼어들지 않고 듣기만
하며, 질문도 공격이 아니라 이해를 위해서만 하기로 미리
약속했기 때문이다.

오해하지 말라. 우리는 그 결심을 여러 번 어겼고, 서로의
말을 끊거나 거친 말과 냉소적인 태도를 보인 일에 대해

수없이 사과해야 했다. 그럼에도 우리가 여기까지 함께 올 수 있었던 이유는 우리가 믿는 두 종교 모두 겸손과 용서를 소중히 여기기 때문이다. 서로 사과하고 그것을 받아들이는 연습을 해 오지 않았다면, 이 대화는 오래 지속될 수 없었을 것이다. 얼굴을 마주한 대화가 잘 풀리지 않을 때에는 긴 이메일로 생각을 전하거나, 말보다 더 잘 표현해 주는 책과 글을 서로에게 건네기도 했다. 처음에는 상대를 설득할 수 있으리라 기대했기에 대화가 훨씬 힘들었지만, 시간이 지나면서 우리 둘의 근본적인 가치와 가장 중요한 관심사가 생각만큼 다르지 않다는 사실을 깨닫게 되었고, 그 뒤로 대화는 훨씬 편안하고 즐거워졌다.

오래전, 토니가 지금 바트의 나이였고 바트가 갓 결혼한 도시 선교사였을 때, 우리는 《우리가 말했어야만 했던 것들 *Things We Wish We Had Said*》(1989)이라는 책을 썼다. 사려 깊고, 동정심 많으며, 정의를 지향하는 그리스도인을 양육하는 것에 관한 모든 것을 담고자 한 책이었다. 지금 그 책을 다시 읽어 보면, 우리 둘이 신학에 관해 너무나 자연스럽게 마음이 통했던 그 시절이 애틋하게 느껴지면서도, 모든 명백한 변화에도 불구하고 우리 안에 그리고 우리 사이에, 얼마나 많은 것이 변함없이 남아 있는지 깨닫고 놀라기도 한다. 그때나 지금이나 우리는 사람들, 특히 젊은이들은 영웅적인 삶을 살고자 하는 본성을 지녔으며, 자신을 넘어서는 고귀한 대의를 위해 자신의 재능과 에너지를 희생적으로 쏟아부으라는 부름을 받을 때에만 진정한 행복감과 성취감을 느낄 수 있다고 확신하고 있다.
지금이나 그때나 우리는 그들을 그러한 대의들을 향해
불러내는 더 좋은 방법들을 더 많이 찾아내는 데 마음을 쏟고
있다.

결국, 세상의 어떤 새로운 기술도 사람을 움직이는 가장
근본적인 진실을 바꾸지는 못했다. 사람을 움직이는 것은
이야기다. 물론 예수님도 그 사실을 아셨고, 그분의 이야기를
전한 복음서 기자들도 알았다. 구약성경도 이야기로 가득 차
있고, 코란, 바가바드기타, 그리고 지구상의 거의 모든 다른
경전도 마찬가지다. 찰스 다윈은 우리가 어디서 왔는지에
대해 그것들과는 조금 다른 이야기를 했고, 알베르트
아인슈타인은 그보다 훨씬 더 먼 과거에서 시작하는 또 다른
이야기를 했다. 그 모든 이야기들 중 어느 것이 진실인지,
혹은 어느 것이 가장 진실에 가까운지는 우리가 말하려는
주제가 아니다. 중요한 것은 우리 인간이 세상을 이해하고
그 안에서 우리의 자리를 발견하기 위해서는 항상 이야기가
필요했고 이야기를 사용해 왔다는 사실이다. 누군가의 마음과
정신을 감동시키고 실제로 그들의 삶을 변화시키고 싶다면,
그들에게 이야기를 들려주어야 한다.

우리 둘은 모두 성인이 된 후 대부분의 시간을 우리 중
많은 이들이 누리는 복을 누리지 못하는 이들의 이야기를
들려주며 보냈다. 전 세계에 흩어져 있는 상처받고, 억압받고,
무시당하고, 궁핍하고, 또 다른 여러 이유로 소외된 사람들의
이야기였다. 우리는 또한 그러한 이야기에 비범한 사랑으로

응답한 평범한 사람들에 관한 이야기도 들려주었다. 그리고
언제나 우리가 그들로부터 몇 번이고 다시 확인할 수 있었던
교훈을 보여 주려고 애써 왔다. 즉, 남을 돌보는 것이야
말로 평화로 가는 가장 확실한 길이라는 것이다. 바트의
불가지론자 영웅 로버트 잉거솔은 이렇게 말했다. "행복에
이르는 방법은 다른 사람을 행복하게 만드는 것이다." 성
프란치스코의 말처럼, "우리는 나누어 주는 동안 받게 된다."

우리는 이야기를 들려주면서, 사려 깊은 희생의 소중함과
실천적인 사랑의 아름다움을 강조하고자 최선을 다한다.
우리는 가난한 도심 지역 교사들, 시골에서 일하는 의사와
간호사들, 정의를 위해 싸우는 변호사들, 동정심 많은 이웃들,
아이를 입양한 부모들, 아이들을 돌보는 캠프 상담가들,
익명의 알코올중독자들(AA)의 멘토들, 사회적 책임을
다하는 사업가들, 기후 변화에 맞서는 활동가들, 성소수자
인권을 위해 연대하는 사람들, 그리고 여러 다양한 선한
사마리아인들의 선행에 대해 이야기한다. 그들은 모두 다른
사람을 섬길 때 비로소 드러나는 변화의 힘이 우리 각자의
내면에 잠재해 있음을 보여 준다. 우리는 청중의 감정에
호소한다는 것을 굳이 숨기지 않는다. 아니, 오히려 그것이
우리 이야기들의 주된 목적이다. 당신이 복음을 전하고자
하면, 무엇보다도 마음을 겨냥해야만 하기 때문이다.

분명히, 우리는 우주의 성질과 운명에 대한 서로 다른
거대 내러티브 안에서 자신이 서 있는 '지금 여기'에서의
희생적 섬김의 부름을 이해하고 있다. 이것은 결코 사소한

문제가 아니다. 영원한 생명의 일부인 이 땅에서의 삶을
영원한 하나님 나라를 세우는 데 현명하게 투자하는 것과,
당신이 의식을 가지고 살아가는 소중한 시간에 감사하며
다음 세대를 위해 삶을 현명하게 사용하는 것 사이에는 큰
차이가 있다. 만약 당신이 우리의 설교를 들어 보았다면,
그 차이가 보통은 마지막 부분에 나타난다는 것을 알
것이다. 토니는 아무리 상황이 나쁘더라도(“이날은 고난의
금요일이지만…”) 전능하신 하나님은 결국 반드시 승리하실
것이라고 선포하며(“…하지만 부활의 주일이 오고 있습니다!”) 설교를
마친다. 바트는 인류의 불확실한 미래(“우주는 무작위적이고 목적이
없지만…”) 바로 그것이 우리가 살아 있다는 이 영광스러울
정도로 희박한 기회를 더욱 소중한 것으로 만든다고
주장하며(“…하지만 우리는 관계 속에서 의미를 만들어 낼 수 있습니다”)
마무리한다. 하지만 우리 두 사람이 본능적으로 아는 것이
하나 있다. 우리는 자신이 가장 진실하다고 믿는 포괄적인
거대 내러티브에 자신의 작은 이야기들을 연결할 때, 비로소
우리의 잠재력을 온전히 펼칠 수 있다는 것이다. 그래서
우리는 설교하는 일을 멈추지 않고 있다.

　　4세기 말, 성경 연구에만 온전히 헌신하기 위해
헬라어, 수학, 음악에 대해 의도적으로 무지해지고자 했던
그리스도인들에게 글을 쓰면서, 성 아우구스티누스는 이렇게
말했다.

　　만약 우리가 성경을 이해하는 데 유용한 것을 음악에서

얻을 수 있다면, 이교도들의 미신에 사용된다는 이유로 음악을 포기해서는 안 된다. 또한 ⋯ 그들이 메르쿠리우스 신이 글자를 발견했다고 말한다고 해서, 우리가 글자를 배우기를 거부해서는 안 되며, 또 그들이 정의와 덕을 위해 신전을 짓고 마음으로 추구할 가치들을 돌로 만들어 숭배한다고 해서, 우리가 그것 때문에 정의와 덕을 버려서는 안 된다. 결코 그래서는 안 된다. 모든 선하고 참된 그리스도인은 진리가 어디에서 발견되든, 그것이 자신의 주님께 속한 것임을 이해해야 한다.

후대의 작가들은 이 생각을 더 대중적인 경구로 다듬었다. "모든 진리는 하나님의 진리다." 이 말은 하나님이 성경뿐만 아니라 자연이나 양심이나 역사 속에서도 자신을 드러내신다는 것을 상기하게 한다. 이것은 신학자들이 일반 계시라고 부르는 것인데, 과학, 소설, 영화나 드라마와 같은 다양한 분야의 작품을 즐기고 감상하는 그리스도인들에게 큰 격려가 되며, 종교 간 교류에 관심을 가진 사람들에게는 더욱 고무적이다. 우리의 경우 이것은 토니가 존중하는 마음으로 바트의 삶과 사역에 관심을 기울일 중요한 이유가 되며, 그 안에서 좋은 것이 있다면 기꺼이 배울 수 있게 한다.

물론 우리에게는 이 경구의 반대 명제 역시 타당하다. 다시 말해, 사실 여부와 상관없이 기독교를 포함한 세계의 초자연적 종교들은 시대를 초월해 심오한 진리들을 풍부한 방식으로 표현해 왔다는 것이다. 이 관점은 바트로 하여금 예수님을 따랐던 자신의 세월을 경멸하지 않게 해 주고, 토니의 삶과 사역을 존중하는 마음으로 바라보며 그 안에서 배울 만한 점, 혹은 기억해 두었다가 조금 고쳐서 사용할 만한 좋은 점을 찾게 만든다. 이사야 65장 17-25절은 우리 두 사람이 모두 갈망하는 세상을 아름답게 묘사한다.

보라 내가 새 하늘과 새 땅을 창조하나니
이전 것은 기억되거나 마음에 생각나지 아니할 것이라.
너희는 내가 창조하는 것으로 말미암아
영원히 기뻐하며 즐거워할지니라.
보라 내가 예루살렘을 즐거운 성으로 창조하며
그 백성을 기쁨으로 삼고
내가 예루살렘을 즐거워하며 나의 백성을 기뻐하리니
우는 소리와 부르짖는 소리가
그 가운데에서 다시는 들리지 아니할 것이며
거기는 날 수가 많지 못하여 죽는 어린이와
수한이 차지 못한 노인이 다시는 없을 것이라.
곧 백 세에 죽는 자를 젊은이라 하겠고
백 세가 못되어 죽는 자는 저주 받은 자이리라.
그들이 가옥을 건축하고 그 안에 살겠고
포도나무를 심고 열매를 먹을 것이며
그들이 건축한 데에 타인이 살지 아니할 것이며
그들이 심은 것을 타인이 먹지 아니하리니
이는 내 백성의 수한이 나무의 수한과 같겠고

내가 택한 자가 그 손으로 일한 것을 길이 누릴 것이며
그들의 수고가 헛되지 않겠고
그들이 생산한 것이 재난을 당하지 아니하리니
그들은 여호와의 복된 자의 자손이요
그들의 후손도 그들과 같을 것임이라.
그들이 부르기 전에 내가 응답하겠고
그들이 말을 마치기 전에 내가 들을 것이며
이리와 어린 양이 함께 먹을 것이며
사자가 소처럼 짚을 먹을 것이며
뱀은 흙을 양식으로 삼을 것이니
나의 성산에서는 해함도 없겠고 상함도 없으리라.
여호와께서 말씀하시니라.

언젠가 바트는 이 천상의 비전이 실제로 실현되는 것을
보고, 그 기원에 대한 자신의 판단이 잘못되었음을 깨닫게
될지도 모른다. 반대로 바트의 판단이 옳다면, 토니는 영원한
의미를 향한 탐구가 이 유한한 삶에서만 가능했다는 사실을
죽음 이후에도 끝내 알지 못할 것이다. 분명한 한 가지는,
우리 두 사람 모두 서로가 자신의 오류에 머무는 바람에
무한히 값진 어떤 것을 놓치고 있다고 믿고 있다는 점이다.
　하지만 우리 둘 다 상대방이 어리석다고 생각하지는
않는다. 처음에 말했던 것처럼, 우리는 서로 다른 길로
나아가지만 결국 이 삶에 대해 항상 같은 결론에 도달한다.
사랑이 가장 탁월한 길이라는 것이다. 더 나아가 우리는

상대방이 그 길을 찾았다는 사실을 확신하고 만족한다.
적어도 지금은 그것으로 충분하다.

감사의 말

책이 탄생하는 것은 결코 쉬운 일이 아니고, 혼자서 할 수 있는 일도 아니다.

우리 두 사람은 이 책 초고를 완성하는 데 여러 다양한 방식으로 친절한 도움을 베풀어 준 마티 캠폴로, 세라 블레이즈델, 개빈 휴잇, 존 라이트, 로버트 바, 마크 스위니에게 깊은 감사를 드린다. 또한 거친 원고를 부드러운 손길로 고쳐 출판할 수 있는 수준으로 만들어 준 리사 수니가에게도 감사드린다.

우리는 또한 미키 모들린에게도 감사한다. 그는 자신의 놀랍도록 방대한 경험과 소중한 통찰을 나누어 주었고, 격려가 가장 필요했던 바로 그 순간에 우리를 지원해 주었다. 그의 지혜와 인내심이 전설적이라는 말에는 그만한 이유가 있다.

물론, 오랜 기간에 걸쳐 우리를 가르치고, 격려하고, 지지
해 준 수많은 친구들에게 우리는 결코 다 갚을 수 없는 빚을 지
고 있다. 겨우 몇몇 사람들의 이름만 이 책에 언급되었지만, 나
머지 친구들도 우리가 누구에게 감사하는지, 그리고 얼마나 감
사하는지 알 것이다.

마지막으로, 우리는 페기 캠폴로에게 감사한다. 이 책뿐만
아니라 이 책의 바탕이 된 우리의 삶에 그녀가 끼친 선한 영향
력은 아무리 강조해도 지나치지 않다. 그녀가 없었다면, 우리도
없었을 것이다.

옮긴이의 말

어떤 경로로든 이 책을 만나서 손에 쥐게 된 독자라면, 아마도 그 자리에서 다 읽을 때까지 눈을 떼기가 어려울 수도 있다. 이 책은 한 가족인 세 사람의 이야기를 들려준다. 먼저 어머니 페기, 그다음에는 아버지 토니, 그리고 아들 바트의 이야기다. 여느 가족 이야기와 달리 결코 가볍지 않은 이야기이고, 어떤 사람에게는 가슴 아프도록 깊숙이 파고드는 이야기일 수도 있지만, 또한 치열하고 흥미진진한 지적인 토론을 담고 있는 이야기이기도 하다.

바트 캠폴로(1963-)는 20세기 미국 복음주의를 대표하는 사람 중 하나인 토니 캠폴로(1935-2024)의 아들로서 미국 오하이오주 신시내티에서 도심 빈민 사역을 하면서 아버지의 뒤를 이어

미국 복음주의를 선도할 촉망받는 지도자로 활약했다. 바트 자신의 설명에 의하면 그는 목사이자 빈민 운동가로 살아가면서 기독교 신앙의 초자연적인 것에 대한 믿음을 조금씩 잃기 시작했고, 2014년에는 자신이 기독교 신앙을 포기했음을 공개적으로 밝혔다. 오래 신앙의 경계선 부근에 있었던 그가 반대쪽에 안착하게 된 계기는 2011년에 있었던 극적인 자전거 사고였다. 그는 내리막길에서 자전거와 함께 나무에 충돌하며 뇌에 큰 충격을 받았고 심한 뇌진탕을 겪었다. 한 달여간의 회복 기간 후에 그는 자신이 더 이상 기독교를 믿을 수 없다는 것을 알게 되었다고 한다. 그는 그 사고를 통해 얻게 된 '세 가지 큰 교훈'에 대해 들려준다. 그것은 자신의 정체성이 자신의 뇌 안에 있다는 걸 경험하게 된 것, 자신이 생각보다 빨리 죽을 수도 있다는 사실을 실감하게 된 것, 그리고 죽음 이후에 자신은 우주에 남지 않을 것임을 강렬하게 깨달은 것이었다.

그런데 바트는 기독교 신앙을 떠난 이후에도 종교에 적대적인 태도를 보이지는 않았다. 어느 인터뷰에서 자신의 신앙 여정을 설명하면서, 그는 자신을 '신무신론자'라기보다는 '불가지론자'로, 그리고 '무' 자나 '불' 자가 들어가지 않는 긍정적인 용어로는 '휴머니스트'로 칭한다. 덧붙여서, 그럴 가능성은 거의 없다고 믿지만, 하나님이 그에게 이성적으로 도무지 부인할 수 없을 정도로 자신의 존재하심을 증명하신다면, 다시 하나님의 존재와 기독교 신앙을 받아들일 것이라고 말한다. 물론 그가 하나님을 적극적으로 찾거나 어떤 신적 개입의 체험을 기다리고 있는 것은 아니다. 그는 자신의 유물론 세계관에 만족하고 있으며, 지금은 신시내티에서 상담가로, 신시내티대학교의 휴머니즘 채플린으로 활동하면서 세속주의 휴머니스트 공동체를 이끌며 사랑, 변화, 감사, 겸손의 가치를 추구하며 살아가고 있다.

바트는 기독교 신앙을 떠난 다른 친구들에게 세속적 인본주의자가 되는 것이 곧 종교를 비웃고 조롱하는 적대적 무신론자가 되어야만 하는 것은 아님을 말해 주고 싶어 한다. 그는 기독교가 주장하는 초자연적인 것을 믿지 못하는 사람들이 초자연적인 것에 대한 믿음을 버릴 때, 그 믿음과 함께 우정이나 공동체나 봉사 등 모든 좋은 것들을 함께 버려야 할 필요는 없다고 제안한다. 오히려 이성적으로 믿을 수 없는 초자연적인 것만 제거하고 나면, 나머지 좋은 가치와 실천 방식들만 가지고 사랑과 변화를 추구하는 공동체를 만드는 것이 훨씬 더 쉬운(?)일이라고 생각한다. 그것이 쉬운 이유는 참여자에게 오늘날 과학의 시대에는 낡은 세계관인 기독교의 교리를 믿으라고 설득해야 할 부담이 사라지기 때문이다. 그는 '영생'을 믿지 않고 사는 휴머니즘에 대해 이렇게 말한다.

만약 이 삶이 정말 우리가 가진 전부라면, 우리에게 남은 유일한 합리적인 선택은 이 삶을 최대한 의미 있게 사는 것뿐이다. 사랑하는 관계를 부지런히 만들고, 다른 사람들의 삶을 더 낫게 만드는 일을 하며, 이 우주의 경이로움과 무엇보다도 살아 있고 생각할 수 있다는 특권에 감사하는 마음을 길러 나가야 한다.

아버지인 토니 캠폴로는 침례교 목사이고 열정적인 설교자이며 사회학 교수였고 가난한 사람들을 돌보는 사역에 평생을 헌신했던 존경받는 지도자였다. 그의 설교는 복음적이고 강력하다. 교리와 실천에서도 그는 근본주의자가 아니었고, 가난한 사람들, 이민자들과 소수자들을 옹호하는 사역에 헌신했으며, 오늘날 '복음주의'에 지독한 오명을 씌우고 있는 MAGA 운동과 그 전신인 미국의 종교적 우파 운동을 강하게 비판했다. 그는 성경에 붉은 글씨로 기록된 예수님의 말씀을 실천하는 데 헌신하는 운동인 '레드 레터 크리스천' 운동을 셰인 클레어본과 함께 펼쳤다.

토니는 아들의 기독교 신앙에 대한 회의와 불신의 구체적 내용에 대해 경청하고 최선을 다해 이해하고자 하며, 자신이 확신하는 바를 설명하고 옹호함으로써 응답하고 있다. 그는 아들 바트가 점차 정통 기독교 신앙으로부터 멀어진 이유는 그가 비록 가난한 사람들과 함께 살며 소외된 사람들을 헌신적으로 돌보며 궁핍한 이웃을 늘 가정에 초대하여 함께 식사하는 고귀한 사역을 했지만, 신앙 공동체와는 거리를 두었기 때문일 것이라고 지적한다. 공동체가 공유하는 '타당성 구조' 바깥에 머무르게 되면, 해석하기 어려운 인생의 고난과 모순을 만날 때 개인의 신념은 지속되기가 어렵기 때문이다. 그에 따르면, 타당성 구조는 개인이 믿거나 믿지 않는 것을 결정하지는 않지만, 어떤 '신념 체계가 존재하고 유지될 수 있는 조건'이 된다.

토니는 아들이 추구하는 휴머니즘에는 가장 진정한 인간이신 예수 그리스도가 반드시 필요하다고 주장한다. 또, 바트가 오래 의심해 왔고 더 이상은 믿지 못한다고 말하는 대리 형벌로서의 예수님의 십자가 죽음 교리와, 성경의 권위와 눈에 보이는 오류를 조화시키는 문제에 대해, 자신이 어떻게 십자가 사건을 예수님과의 영원한 연결이라는 생각을 통해 이해하는지, 또한 왜 성경의 문자적 해석이 아닌 성경이 드러내는 진실에 초점을 맞추는지를 설명한다.

두 사람의 토론의 초점은 초월적인 하나님 체험의 문제로 수렴된다. 아버지 캠폴로는 앞부분의 짧은 자서전적 회고 속에서 복음을 믿는 신앙인이자 지성인 사회학자로서 또 평생 신앙의 성숙을 추구해 온 여든 살의 노인으로서 자신이 어떻게 하나님을 날마다 경험하며 살고 있는지를 묘사했다.

진정한 의미에서 내 신앙의 여정은 하나님과의, 그리고 다른 그리스도인들과의 끊임없는 대화였다. 나는 혼자 있을 때든, 다른 신자들과 함께 있을 때든, 잠시 멈춰 하나님을 떠올리며 내가 무슨 말을 해야 할지, 어떻게 행동해야 할지 생각할 때마다 성령이 내 안에서 살아 역사하심을 느낀다. … 일상 속 평범한 경험과 만남 가운데서, 하나님의 영이 **내게**, 그리고 **내 안에서** 무엇을 하시는지를 말로 설명하기란 쉽지 않다. 하지만 분명한 건 성령께서 내 안에 어떤 감수성을 일으키신다는 것이다. 그 덕분에 나는 주변의 평범한 사람들과 사물 속에 숨어 있는 경이로움을 느낄 수 있게 된다. 어떤 현상학자들이 말하는 '마음챙김(mindfulness)'과도 비슷한 감각일 것이다. 그는 나로 우리 주위에 가득한, '빛나는 축복들'(딱히 다른 말이 떠오르지 않는다)을 민감하게 알아차리게 하신다. 그 축복들은 그저 우리가 눈여겨보고, 마음을 열기만 하면 누릴 수 있는 것들이다. 그리고 바로 그분이 내 안에 함께 계시기에, 나는 진심으로 지금 이 순간을 살아 낼 수 있다.

그가 말하는 '평범한 사람들과 사물 속'에서 갑자기 나타나 우리를 놀라게 하는 '빛나는 축복들'은 아마도 이 경험은 물론 순수한 자연주의 세계관을 받아들인 바트 캠폴로가 말하는 '끊임없이 깊어지는 경이와 감사의 감각'과 일맥상통하는 경험일 것이다. 아마도 이 두 사람, 아버지와 아들은 같은 체험을 두 가지 다른 방향에서, 다른 세계관 안에서 그들이 보는 대로 묘사하는 듯하다.

아버지 캠폴로는 자신의 신앙이 초월적인 것들에 마음을 열고 그것을 받아들이기로 한 '결단'임을 인정한다. 바트와 일부 신경과학자들은 그런 신비 체험을 뇌에서 일어난 전기적 충동을 뇌의 작용인 의식이 그렇게 해석한 것이라고 환원주의적으로 설명하겠지만, 그는 무엇이 원인이고 무엇이 결과인지 판단하는 것은 불가능하다고 주장한다. 반대로 아들 캠폴로는 개인의 초월적 경험은 사실 진정한 초월적 존재와의 만남은 아니지만, 기적적이고 경이로운 경험임을 받아들인다. 그에게는 자연적 실재가, 그리고 우리의 뇌가 초월을 경험할 수 있는 방식으로 존재하게 된 것이 놀라운 일이다. 인간은 그 경험에 각자 의미를 부여하고 있지만, 우주 자체는 그런 의미에 신경 쓰지 않는다.

이와 같이 아버지와 아들이 한 장씩 교대로 글을 쓰면서 날카로운 지적 토론을 이어 간다. 그 토론은 서로의 관점 차이를 잘 드러내며 서로 양보 없이 비판적이지만, 동시에 서로를 이해하고 아끼는 두 사람의 마음도 잘 드러내 준다. 상호 간의 신뢰와 존중은 이 어려운 토론의 든든한 토대가 되며 대화가 끝까지 진행되도록 붙잡아 준다. '함께 쓰는 결론'의 고백처럼, 실제 대화는 이렇게 이상적이지는 않았고, 많은 끼어들기와 거친 말과 사과와 용서가 있었다고 한다. 그리고 그러한 힘든 경청과 인내의 결과는 헛되지 않았다. 결론에 따르면, 그들은 대화를 통해 무언가를 배웠고, 서로 동의하는 바를 확인했으며, 잠정적인 만족에 도달했다. 그리고 우리는 그들의 수고 덕분에 이처럼 어려운 주제에 관한 지적인 대화의 모범이 될 만한 책을 읽어 볼 수 있게 되었다.

서문에서 어머니 페기가 들려주는 이야기와 결론에서 아버지 토니가 언급하는 말들은 이 책이 단지 지적인 토론이나 변증서가 아니라 한 가족의 이야기임을 상기하게 해 준다. 부부는 아들이 자신들의 정체성의 가장 깊은 부분인 기독교 신앙을 떠난 것을 안타까워한다. 기독교 교리에 따라서 그들이 가장 사랑하는 사람과 영원한 생명을 함께하지 못할 수도 있게 되었다는 사실은 생각할수록 끔찍한 괴로움이 아닐 수 없다. 한편, 그들은 또한 공개적으로 신앙을 떠난 아들에게 쏟아지는 비난에 대해 분노한다. 그들의 비난과 섣부른 충고가 아들의 돌이킴에 도움이 되기는커녕 장애물만 놓는 일임을 알기 때문이다. 결국 그들은 아들의 이야기를 경청하고, 그의 삶이 여전히 기독교적 가치를 적극적으로 추구하는 삶임을 알고 조금 안도하며, 그를 격려하고, 사랑하는 아들의 운명을 사랑이 많으시고 신실하신 하나님의 손에 맡겨 드리는 기도를 드린다.

내 가까운 친구들과 후배들 중에도 한때 열심 있는 기독교 신자였다가 이후에 무신론자 혹은 불가지론자가 된 사람들이 여러 명 있다. 저마다 다른 이유와 계기와 상황이 있었겠지만, 무신론이나 불가지론에 도달하게 된 감정적·지적 여정에는 아마도 바트 캠폴로와 비슷한 부분이 있었을 것이다.

사실 나는 30년이 넘는 시간 동안 수만 번의 응답 없는 기도와 수천 번의 균열을 겪으며, 정통 기독교 신앙과 초자연적인 것을 믿는 능력을 조금씩 잃어 갔다.

기독교를 '졸업'하고 무신론자가 되는 몇 가지 조건이 있다면, 아마도 자신이 한때 열렬히 신봉했던 근본주의적 기독교 신앙에 대한 회의와 환멸, 삶의 복잡한 현실이나 고난, 모순에 직면하며 기도가 응답되지 않는 것에 대한 실망, 대안적 세계관을 향한 점진적 전환, 그리고 마지막으로 오래된 종교적 의무와 습관을 내려놓는 것이 주는 해방감 등일 것이다. 바트의 경우는 근본주의적 교리에 오래 의심을 품어 왔고, 과학주의적 유물론적 세계관이 그의 대안이 되었다.

반면, 아버지인 토니 캠폴로는 정통 기독교 신앙을 유지하면서도 근본주의적 교리와는 뚜렷한 선을 긋고 있다. 그의 십자가 해석은 바트가 비판하는 종류의 해석이 아니고, 그가 성경의 권위를 이해하는 방식도 근본주의적이지 않다. 그는 기독교 근본주의의 교리를 존중하지만 그것을 고수하려고 하기보다는 자신의 지성적 탐구를 통해 평생 그 의미를 재해석하고 확장해 나갔다. 그는 자기 시대의 철학이었던 실존주의와 마르틴 부버의 관계적 존재론을 받아들이며 형이상학과 인식론에서 과학주의를 넘어서고 있다(과학주의는 기독교 근본주의의 토대의 일부이기도 하다).

존재론의 관점에서 보면, 과학주의는 하나님이 존재한다면 과학적으로 관찰 가능한 대상일 것이라고 '전제'하고 과학적인 방식으로 하나님의 존재를 증명하려고 하다가 실패한다. 그리고 신은 존재하지 않는다고 선언한다. 과학주의자의 눈에는 하나님이 보이지 않는데, 그 이유는 자신도 모르게 취하고 있는 방법론적 전제 때문이다. 과학은 가시적으로 존재하는 사물들 사이의 역학을 기술하지만, 그 역학은 우주의 기계적인 측면만을 보여 줄 뿐, 모든 존재하는 것의 심층적 차원과 의미를 포함하지 못한다. 그 결과 과학주의자들이 상상하는 기계론적 우주는 의미에 대해 전혀 관심이 없다. 의미는 순전히 사람의 뇌가 만들어 낸 허구적 구성물일 뿐이다.

반면에 존재론적 접근은 과학적으로 관찰 가능한 가시적 세계는 단순히 실재의 한 층위일 뿐이며, 실재는 가시적 세계뿐 아니라 그와 연결된 보이지 않는 다른 층위의 높이와 깊이가 있는 세계라고 전제한다. 그리고 실제로 우리 앞에 나타나는 현상을 신중하게 관찰하면서 그 안에서 실재의 다른 층위를 포착하고자 한다. 인간은 물리적·생물학적으로 존재할 뿐 아니라, 존재의 다른 층위에서도 존재하며, 다른 존재들과 다른 층위에서 교류하는 경험과 소통이 가능하다. 이것의 한 예가 마르틴 부버가 말한 '나와 너'의 관계적 경험이다. 이런 우주는 과학적 지식을 배제하지 않고 포용하지만, 그것에 더하여 의미와 지혜와 초월적(초과학적) 교감의 수준을 수용한다. 서구에서 이런 세계관은 고대 그리스까지 거슬러 올라가며, 한때 근대주의의 등장과 함께 폐기되고 잊혔으나, 최근 근대주의의 한계에 대한 점증하는 인식과 함께 다시 설득력을 얻고 있다.

이처럼 바트와 토니의 차이는 세계관적 차이이고, 세계관은 그 자체가 가장 근본적인 전제들이므로 증명의 대상이 될 수 없다. 세계관을 비교할 방법은 세계관 자체의 내적 일관성과 경험적 설득력이며, 이에 관한 판단도 객관적일 수 없고, 판단하는 개인과 공동체의 경험과 선입견에 크게 좌우된다. 결국 유물론자는 과학주의적 세계관을 믿기로 결심한 것이고, 그리스도인은 존재론적 세계관을 믿기로 선택한 것이다. 물론 기독교 세계관은 수많은 존재론적 세계관 중에서도 특별히 복음이 계시하는 하나님, 즉 세상을 자신이 피조물들과 함께 거주할 성전으로 지으셨고, 사람과 동물을 자신의 성품을 따라 빚으셨으며, 아들을 사람의 모습으로 보내어 자신이 사랑의 하나님이심을 알리신, 그 하나님이 모든 존재하는 것들의 근원이 되는 그런 존재론적 세계관이다.

나도 아직 토니 캠폴로처럼 그리스도인으로 남아 있으며, 토니와 함께 그리스도인으로서 우리가 보고 듣고 상상할 수 있는 것보다 우주는 더 크고 광활할 뿐 아니라, 더 깊고 높을 수도 있다고 믿고 있다. 그뿐 아니라, 우리가 2천 년간 상상해 왔고 지금 최선을 다해 상상할 수 있는 기독교보다도 세상을 창조하신 하나님의 지혜는 더 넓고 깊을 것이라고 믿는다. 그리고 그런 지혜의 하나님이 정말로 존재하시고 그분이 또한 예수님이 말씀하신 것처럼 사랑의 하나님이시라면, 그는 자신을 더듬어 찾고 발견하며 추구하도록 인류를 이끄실 것이며(롬 1:19-20), 자기를 찾는 자들을 반가워하시며 상을 베푸실 것이다(히 11:6). 또한 그는 우리와 모든 사람들이 상상하지도 못한 놀라운 방식으로 우리와 아주 가까운 곳에 계시며(행 17:27-28), 심지어 우리 존재와 마음과 뇌와 몸의 세포들, 그리고 그보다 더 깊은 곳으로부터 자신을 알리시고 응답하고 찾고 만나라고 초대하고 계실 것이다. 그러므로 그를 만나려면 우리는 과학적·역사적 수준의 탐구에 머무르지 말고, 모든 자연 속에서 보이지 않은 심층적 수준의 존재론적 연결을 통해 전해 오는 울림에 주목해야 할 것이다.

옮긴이 **노종문**

한국과학기술원(KAIST)을 졸업하고 장로회신학대학교 신학대학원(M.Div.)과 예일대학교 신학대학원(Th.M.)에서 신학을 공부했다. IVP 출판사에서 편집장으로 일했으며, 현재 기독교윤리실천운동이 발행하는 《좋은 나무》의 편집 주간으로 활동하고 있다. '하나님 나라 복음과 제자도' 시리즈와 '제자도 소모임' 과정을 통해 신앙과 삶을 잇는 강의를 진행하고 있다. 옮긴 책으로 《야망의 대가》, 《지구의 편지》, 《히브리 성서를 열다》, 《하나님 나라의 스캔들》, 《너의 부르심을 보라》 등이 있으며, 지은 책으로 《하나님 나라 복음과 제자도》가 있다.

내가 떠난 이유, 내가 남은 이유

토니 캠폴로, 바트 캠폴로 지음 | 노종문 옮김

2026년 3월 19일 초판 1쇄 발행

펴낸이 김도완　　　　　　　　　　　**펴낸곳** 비아토르
등록 제2021-000048호　　　　　　　**주소** 서울시 종로구 삼일대로 428, 500-26호
　　　（2017년 2월 1일）　　　　　　　　　（우편번호 03140）
전화 02-929-1732　　　　　　　　　**팩스** 02-928-4229
전자우편 viator@homoviator.co.kr

편집 이은진　　　　　　　　　　　　**디자인** 김진성
제작 제이오　　　　　　　　　　　　**인쇄** (주)민언프린팅　　　　　**제본** 다온바인텍

ISBN 979-11-94216-37-7 03230　　　**저작권자** ⓒ 비아토르, 2026